T0194828

Carl Schmitt, Leo Strauss und
»Der Begriff des Politischen«

HEINRICH MEIER

Carl Schmitt, Leo Strauss und »Der Begriff des Politischen«

Zu einem Dialog unter Abwesenden

Dritte Auflage

VERLAG J. B. METZLER
STUTTGART · WEIMAR

Bibliografische Information der Deutschen Bibliothek
Die Deutsche Bibliothek verzeichnet diese Publikation in der Deutschen
Nationalbibliografie; detaillierte bibliografische Daten sind im Internet über
<http://dnb.ddb.de> abrufbar.

ISBN 978-3-476-02467-1
ISBN 978-3-476-00818-3 (eBook)
DOI 10.1007/978-3-476-00818-3

© 1988/1998/2013 Springer-Verlag GmbH Deutschland
Ursprünglich erschienen bei J. B. Metzler'sche Verlagsbuchhandlung
und Carl Ernst Poeschel Verlag GmbH in Stuttgart 2013

www.metzlerverlag.de
info@metzlerverlag.de

Inhalt

In memoriam
Wilhelm Hennis
1923–2012

Vorwort

Die gegenwärtige Studie wurde ursprünglich als Beitrag zur Festschrift für Wilhelm Hennis konzipiert. Sie hätte dort nur in Form eines Fragmentes erscheinen können. So sei sie Professor Hennis in ihrer authentischen Gestalt zum 65. Geburtstag am 18. Februar 1988 gewidmet. Mein besonderer Dank gilt Professor Joseph Cropsey von der University of Chicago. Er hat mir uneingeschränkten Zugang zum Nachlaß von Leo Strauss gewährt, der im Department of Special Collections der University of Chicago Library archiviert wird, und meine Arbeit in jeder Weise unterstützt. Mit seiner freundlichen Genehmigung wird dem deutschen Leser der Aufsatz von Leo Strauss aus dem Jahre 1932 wieder vorgelegt, der bis zum heutigen Tag die bedeutendste Auseinandersetzung mit dem »Begriff des Politischen« geblieben ist. Die Grundzüge der hier veröffentlichten Auslegung wurden im Sommer 1979 vor einem Kreis jüngerer Wissenschaftler in Nordhessen zum erstenmal vorgetragen. Als ich sieben Jahre später zur Lektüre von Carl Schmitts Œuvre zurückkehrte, erschien mir Schmitts Denken in keinem anderen Licht. Aber ich glaube sein Zentrum und seinen Zusammenhang jetzt schärfer zu sehen, da ich die grundsätzliche Alternative deutlicher zu sehen weiß.

München, Oktober 1987   H. M.

HEINRICH MEIER

Carl Schmitt, Leo Strauss und »Der Begriff des Politischen« Zu einem Dialog unter Abwesenden

Worüber also müßten wir uns wohl streiten
und zu was für einer Entscheidung nicht
kommen können, um uns zu erzürnen und
einander feind zu werden? Laß mich es
aussprechen, und überlege, ob es wohl
dieses ist: das Gerechte und Ungerechte, das
Edle und Schlechte, das Gute und Böse. Sind
nicht dies etwa die Gegenstände, worüber
streitend und nicht zur völligen Entscheidung gelangend wir einander feind werden,
sooft wir es werden, du und ich sowohl als
auch alle übrigen Menschen?

Platon: *Euthyphron*, 7c–d

Carl Schmitt ist durch den *Begriff des Politischen* berühmter
und berüchtigter geworden als durch sein ganzes übriges
Werk. Die schmale Abhandlung[1] hat den Namen ihres Verfassers nicht nur aufs engste mit der »Unterscheidung von Freund
und Feind« verknüpft, wie keine andere Schrift Schmitts hat
sie diese Unterscheidung selbst herausgefordert. Sie hat Feindschaft gesät, und sie hat Feindschaft geerntet. Kein Zweifel,
daß – ungeachtet aller wissenschaftlichen Selbststilisierungen
und apologetischen Verharmlosungen[2] – präzise das der politi-

1 Seitenzahlen ohne weitere Kennzeichnung beziehen sich auf die Ausgabe
*Der Begriff des Politischen. Text von 1932 mit einem Vorwort und drei Corol-
larien.* Berlin 1963. Veröffentlichungen von Carl Schmitt werden ohne Verfas-
serangabe zitiert. Die Abkürzungen *S* für *Seite* und *FN* für *Fußnote* bleiben
Querverweisen innerhalb der vorliegenden Schrift vorbehalten.
2 Im Vorwort von 1963 schreibt Schmitt: »Die Schrift antwortet auf die Herausforderung einer Zwischenlage. Die Herausforderung, die von ihr selber
ausgeht, richtet sich in erster Linie an Verfassungsexperten und Völkerrechts-
juristen.« Die »Adressaten«, an die »sie sich in erster Linie wendet«, seien
»Kenner des *jus publicum Europaeum,* Kenner seiner Geschichte und seiner
gegenwärtigen Problematik« (13). Vergleiche ferner die Aussage über die »defensive Zwischenstellung«, in der sich »der Jurist des öffentlichen Rechts
sieht« (16), und die Rede von der »ursprünglichen, informatorischen Bestimmung« der Schrift (16), deren »einzelne Sätze«, wie es im Nachwort von 1932

II

schen Intention entsprach, von der sich Carl Schmitt in seinem *Begriff des Politischen* bestimmen läßt: Einer Welt, die der Unterscheidung von Freund und Feind zu entkommen sucht, stellt er die Unausweichlichkeit eines radikalen Entweder-Oder vor Augen, um das »Bewußtsein des Ernstfalles« (30) zu schärfen und jene Fähigkeit zu fördern oder wiederzuerwecken, die sich in den »Augenblicken« bewährt, »in denen der Feind in konkreter Deutlichkeit als Feind erblickt wird« (67); in einer Zeit, in der »nichts moderner ist als der Kampf gegen das Politische«,[3] geht es ihm darum, die »Unentrinnbarkeit« des Politischen, die »Unabweisbarkeit« der Feindschaft zur Geltung zu bringen, und sollte *er* es sein, der all jenen, die keine Feinde mehr kennen wollen, als Feind entgegentritt. Der Theoretiker des Politischen muß ein politischer Theoretiker sein. Ein Traktat über das Politische kann nur, davon ist Schmitt überzeugt, ein politischer Traktat sein, durch Feindschaft bestimmt und der Feindschaft sich aussetzend.

Wie auf eine wesentlich »politische« Erörterung des Politischen philosophisch geantwortet werden kann, hat Leo Strauss gezeigt. Nicht durch den Rückzug ins Unpolitische, die Ausblendung von Kampf und Entscheidung, das Absehen von Freundschaft und Feindschaft. Der Weg, den er in seinen »Anmerkungen« zu Schmitts *Begriff des Politischen* einschlägt,[4] ist

heißt, »wissenschaftlichen Besprechungen und Übungen dienen sollen« (96). Dem »Vorwurf« eines Primats des Feindbegriffs in der Konzeption des *Begriffs des Politischen* hält Schmitt, wiederum »rein juristisch« argumentierend, entgegen, »daß jede Bewegung eines Rechtsbegriffs mit dialektischer Notwendigkeit aus der Negation hervorgeht. Im Rechtsleben wie in der Rechtstheorie ist die Einbeziehung der Negation alles andere als ein ›Primat‹ des Negierten. Ein Prozeß als Rechtshandlung wird überhaupt erst denkmöglich, wenn ein Recht negiert wird. Strafe und Strafrecht setzen nicht eine Tat, sondern eine Untat an ihren Anfang. Ist das vielleicht eine ›positive‹ Auffassung der Untat und ein ›Primat‹ des Verbrechens?« (14/15).
3 *Politische Theologie. Vier Kapitel zur Lehre von der Souveränität.* München und Leipzig 1922, p. 55. (Zweite, veränderte, Auflage 1934, p. 82.)
4 Leo Strauss: *Anmerkungen zu Carl Schmitt, Der Begriff des Politischen* in: Archiv für Sozialwissenschaft und Sozialpolitik, Tübingen, 67. Band, 6. Heft, August/September 1932, p. 732–749. Siehe *Editorische Notiz*, S. 127. Zitiert wird nach den Absätzen, (A 1) bis (A 35), die in unserer Edition am Rand numeriert sind.

der Weg des radikalen Weiterfragens, der Vertiefung und der Zuspitzung, mit dem Ziel, die Erörterung bis zu einer Auseinandersetzung über die Grundlagen des Politischen voranzutreiben. Die philosophische Perspektive hindert Strauss nicht, den »polemischen Sinn« zu erfassen, den Schmitts Abhandlung ihren eigenen Verständnisprinzipien zufolge notwendig hat. Sie befähigt ihn im Gegenteil, die politisch-polemische Absicht der Schrift klarer zum Ausdruck zu bringen, als Schmitt selbst dies getan hatte. Zugleich aber bewahrt sie ihn davor, sich bei dem zu beruhigen, was Schmitt als zwingend, keiner weiteren Begründung bedürftig voraussetzt, daß nämlich *jeder* Begriff des Politischen eine »konkrete Gegensätzlichkeit im Auge« haben und an eine »konkrete Situation gebunden« sein muß, »deren letzte Konsequenz eine (in Krieg oder Revolution sich äußernde) Freund-Feindgruppierung ist« (31). Eine Voraussetzung, von der man nicht sieht, wie sie oder wie gar ihr unbefragtes Fürwahrhalten mit einem »integren Wissen« in Einklang gebracht werden könnte. Auf ein solches Wissen jedoch setzt Schmitt die größten Hoffnungen, wenn er es nicht für sich selbst in Anspruch nimmt. »Aus der Kraft eines integren Wissens«, lautet die feierliche Verheißung, in der er das Buch kulminieren läßt, »entsteht die Ordnung der menschlichen Dinge« (95). Was immer es mit dieser Ordnung auf sich haben, worin Schmitts Verheißung ihre letzte Begründung finden mag, ein integres Wissen ist, wie Strauss Schmitt entgegenhält, »niemals, es sei denn zufälligerweise, polemisch« (A 34), und es läßt sich, soll es integer und soll es *Wissen* sein, menschlich betrachtet nicht anders denn durch integres Fragen erreichen. Integres Fragen ist radikales Fragen, radikales Fragen erfordert konsequentes Denken. Die Entschiedenheit und Konsequenz des Denkens bewährt sich im Zuendedenken der fundamentalen Alternativen, im Freilegen ihrer Voraussetzungen, in der Aufklärung ihrer Probleme. Aus der Radikalisierung der Fragestellung, aus dem philosophischen Ernstnehmen der enigmatischen Berufung auf ein »integres Wissen« gewinnen die *Anmerkungen zu Carl Schmitt, Der Begriff des Politischen* ihre überlegene argumentative Kraft und ihre gedankliche Schärfe.

Die Ausnahmestellung, die der *Begriff des Politischen* unter den Werken von Carl Schmitt innehat, kommt unter den Schriften über ihn den *Anmerkungen* von Leo Strauss zu. Sehen wir vom Naheliegendsten ab, und halten wir uns an die Autorität Schmitts. Bei genauerer Betrachtung stellen wir fest, daß der *Begriff des Politischen* nicht allein hinsichtlich seines Gegenstandes, mit Rücksicht auf die Art und Weise, in der dieser verhandelt wird, und im Hinblick auf seine Wirkung eine Sonderstellung innerhalb von Schmitts Œuvre einnimmt. Noch in einem anderen Sinne haben wir es mit einer Ausnahme zu tun. *Der Begriff des Politischen* ist die einzige Schrift, die Schmitt in drei unterschiedlichen Fassungen vorgelegt hat.[5] Es ist die

5 Die erste Fassung wurde im Archiv für Sozialwissenschaft und Sozialpolitik, Tübingen, 58. Band, 1. Heft, September 1927, p. 1–33 veröffentlicht und im Heft 5, »Probleme der Demokratie«, der Schriftenreihe *Politische Wissenschaft*. Berlin-Grunewald, Dr. Walther Rothschild, 1928, p. 1–34 unverändert nachgedruckt. Die zweite Fassung erschien als selbständige Veröffentlichung unter dem Titel *Der Begriff des Politischen. Mit einer Rede über das Zeitalter der Neutralisierungen und Entpolitisierungen neu herausgegeben von* Carl Schmitt. München und Leipzig, Verlag von Duncker & Humblot, 1932, 82 Seiten. Der Text des *B. d. P.* umfaßt die Seiten 7–65, die Neubearbeitung von »Die europäische Kultur in Zwischenstadien der Neutralisierung« (zuerst publiziert in: Europäische Revue, 5. Jahr, 8. Heft, November 1929, p. 517–530) findet sich auf den Seiten 66–81. Die dritte Fassung ist: *Der Begriff des Politischen*. Hamburg, Hanseatische Verlagsanstalt, 1933, 61 Seiten. »Das Zeitalter der Neutralisierungen und Entpolitisierungen« wurde in die dritte Ausgabe nicht aufgenommen. Auf Seite 6 schreibt Schmitt: »Die erste Ausgabe des ›Begriffs des Politischen‹ erschien im August 1927 im Heidelberger Archiv für Sozialwissenschaft und Sozialpolitik; die zweite Ausgabe im Oktober 1931 bei Duncker und Humblot in München und Leipzig.« Die zweite Fassung hat Schmitt 1963 bei Duncker & Humblot, Berlin, wieder vorgelegt (FN 1). Der erste Satz des Vorworts lautet: »Dieser Neudruck der Schrift über den ›Begriff des Politischen‹ enthält den unveränderten, vollständigen Text der Ausgabe von 1932« (9). Weshalb er nicht die letzte, in verschiedener Hinsicht überlegene, sondern die vorletzte Fassung enthält, wird nicht begründet. Mehr noch, daß es eine dritte – keineswegs etwa nur »gekürzte« (wie in der Literatur gelegentlich behauptet), sondern durchweg überarbeitete, stellenweise erweiterte und inhaltlich veränderte – Fassung jemals gegeben hat, bleibt unerwähnt. Der Grund für Schmitts Schweigen wie für seine Entscheidung, die zweite statt der dritten Ausgabe »unverändert« nachzudrucken, liegt auf der Hand: Der Text von 1933 war wegen mehrerer »zeitgemäßer« Änderungen

einzige Schrift, deren Änderungen sich nicht auf stilistische Glättungen, geringfügige Akzentverschiebungen oder opportunistische Korrekturen beschränken, sondern konzeptionelle Eingriffe und wichtige inhaltliche Klarstellungen aufweisen.[6] Und es ist die einzige Schrift, in der Schmitt mittels signifikan-

und Streichungen 1963 politisch angreifbar (p. 13, 14, 22, 24, 25, 26, 44, 51; cf. andererseits die »unzeitgemäße«, neue Attacke gegen die Euthanasie p. 31). Inopportun erschien jetzt die 1933 opportune Erwähnung der Nationalsozialisten (»Das System der Weimarer Koalition hat die National-Sozialisten als illegal und ›unfriedlich‹ behandelt«, p. 30). Und schlicht untragbar waren seine antisemitischen Insinuationen (cf. p. 10, 44, 59, vor allem aber p. 8, wo Schmitt einer Aussage mit kaum verhohlen antisemitischer Stoßrichtung über den »Fremden und Andersgearteten« voller Ironie die Berufung auf Spinozas *in suo esse perseverare* vorausschickt – ohne den Philosophen namentlich zu erwähnen). – Der Neudruck von 1963 gibt den Text von 1932 im *Wortlaut* getreu wieder; stillschweigend geändert hat Schmitt hingegen die Einteilung der Absätze und der Fußnoten, die Orthographie und die Interpunktion. Hervorhebungen im Text sind gleichfalls ohne Kennzeichnung hinzugesetzt oder weggelassen (s. FN 27). Bei allen Aussagen über die zweite Fassung beziehe ich mich auf das Original von 1932, nach dem auch unter Wahrung der ursprünglichen Orthographie zitiert wird. Die Seitenzahlen sind indes nach dem Neudruck von 1963 angegeben, um dem Leser das Auffinden der Stellen zu erleichtern. Seitenzahlen, die sich auf die erste Fassung von 1927 und die dritte von 1933 beziehen, ist eine I bzw. III vorangestellt.

6   Karl Löwith verfehlt das *der Sache nach* Wichtigste, wenn er erklärt: »Das Prinzip von *allen* [Löwiths Hervorhebung] Veränderungen innerhalb der verschiedenen Auflagen ist ... immer der eine Okkasionalismus, der Schmitts situationsgebundene und darum jeweils polemische Entscheidungen charakterisiert.« Hugo Fiala (Pseudonym): *Politischer Dezisionismus*, p. 119n., in: Revue internationale de la théorie du droit – Internationale Zeitschrift für Theorie des Rechts, Brünn, IX. Band, 2. Heft, 1935, p. 101–123; 1960 verändert wiederveröffentlicht unter dem Titel *Der okkasionelle Dezisionismus von Carl Schmitt* (Sämtliche Schriften, Bd. 8, Stuttgart 1984). Löwith führt insgesamt drei Änderungen an. Sie betreffen alle die zweite und die dritte Fassung. Im Text (p. 119) dokumentiert er, wie Schmitt »in einer Art Gleichschaltung« eine Aussage über Marx, Lenin und Lukács (62/63) streicht und durch einen antisemitisch verschärften Angriff auf F. J. Stahl ersetzt (III, 44). In einer Fußnote weist Löwith ebenso zutreffend auf eine ähnliche, nicht weniger »zeitgemäße« Korrektur im Kontext von Schmitts Kritik an Oppenheimers Staatsauffassung hin (76–III, 59). Die dritte Änderung, die Löwith erwähnt (p. 113n.) – wir werden später ausführlich auf sie zu sprechen kommen –, erfüllt ihn freilich mit Ratlosigkeit und setzt ihn in Erstaunen, weil sie sich nicht aus Schmitts »politischem Okkasionalismus« erklären läßt. Sie gehört zu den Eingriffen mit *gegenläufiger* Tendenz, die Löwith nicht wahrnimmt oder nicht wahrhaben will, und sie kann nur angemessen verstanden werden, wenn man den Dialog erkennt, in dem sie eine Antwort gibt.

ter Streichungen, Ergänzungen und Neuformulierungen auf eine Kritik reagiert. Nur im Falle des *Begriffs des Politischen* führt Schmitt einen offen-verdeckten, den Weg einer sorgfältigen Revision des eigenen Textes beschreitenden Dialog mit einem Interpreten. Der Dialogpartner ist der Verfasser der *Anmerkungen*, Leo Strauss. Er ist der einzige unter seinen Kritikern, dessen Interpretation Schmitt Jahrzehnte später in eine Publikation unter seinem Namen aufnehmen,[7] der einzige auch, den er öffentlich einen »bedeutenden Philosophen« nennen sollte.[8] Wir brauchen uns nach all dem nicht auf das im Gespräch wiederholt geäußerte Urteil Schmitts zu berufen, er habe sich in der Absicht, um die es ihm im *Begriff des Politischen* zuallererst zu tun war, von niemandem besser verstanden gesehen als von Strauss. Wenn wir uns an die Autorität Schmitts halten wollen, ist das Urteil, das er durch sein Handeln, »durch die Tat« zu erkennen gab, weit aufschlußreicher.

7 In der von George Schwab, mit dem Schmitt über Jahrzehnte hinweg in engem Kontakt stand, veranstalteten amerikanischen Ausgabe *The Concept of the Political*. New Brunswick, New Jersey 1976. – Schmitt hatte 1932 offenbar selbst dafür Sorge getragen, daß die *Anmerkungen* von Strauss im Archiv für Sozialwissenschaft publiziert wurden, am gleichen Ort also, an dem 1927 der *B. d. P.* erschienen war. In einem Brief an den ihm seit dem Ersten Weltkrieg gut bekannten Leiter des Verlages Duncker & Humblot, Dr. Ludwig Feuchtwanger, schreibt Schmitt unter dem 10. Juni 1932: »Ueber den Begriff des Politischen sind inzwischen etwa hundert Besprechungen erschienen, aus denen ich aber wenig gelernt habe. Von Interesse ist nur, dass Herr Dr. Leo Strauss, der Verfasser eines Buches über Spinoza, einen sehr guten Aufsatz darüber geschrieben hat, sehr kritisch, den ich im Lederers Archiv für Sozialwissenschaft unterzubringen hoffe.« Feuchtwanger bemerkt in einem Brief vom 15. 4. 1935 an Strauss, in dem er auf dessen gerade erschienenes Buch *Philosophie und Gesetz* eingeht: »Der Verfasser des ›Begr. d. Pol.‹ hat mir 1932 mit grosser Anerkennung von Ihnen gesprochen; das war aber gar nicht nötig, da ich Ihr Sp.-Buch kannte ... *Ich hoffe sehr auf Sie als auf die ganz Wenigen, die etwas zu sagen haben.*« – Der Brief Schmitts wurde mir von Prof. Helmut Quaritsch zugänglich gemacht. Ich zitiere daraus mit Erlaubnis des Inhabers des Verlages Duncker & Humblot, Norbert Simon. Der Brief Feuchtwangers befindet sich in der University of Chicago Library, Leo Strauss Papers, Box 1, Folder 13.
8 *Die andere Hegel-Linie. Hans Freyer zum 70. Geburtstag* in: Christ und Welt, Stuttgart, 25. Juli 1957, p. 2. Schmitt bezieht sich auf den Dialog zwischen Leo Strauss und Alexandre Kojève in Strauss' Buch *De la tyrannie*. Paris 1954.

Der Dialog, den Schmitt und Strauss 1932/33 miteinander geführt haben, spricht eine deutliche Sprache. Freilich muß man genau hinhören, denn der zweite Teil des Dialogs ist bereits ein Dialog unter Abwesenden. Ein Preußischer Staatsrat spricht zu einem »jüdischen Gelehrten«.[9] Ein katholischer Staatsrechtslehrer, dessen politischer Ehrgeiz in Berlin seinen Zenit erreicht hat, antwortet, auf dem Scheitelpunkt seiner Laufbahn angelangt, einem noch nahezu unbekannten jungen Philosophen, den »ein in gewisser Weise gnädiges Schicksal«[10] im Gefolge intensiver Hobbes-Forschungen Ende 1932 nach Paris und einige Monate später nach England verschlug, nicht zuletzt dank wohlwollender Unterstützung von seiten des Berliner Professors der Rechte.[11] Wen könnte es angesichts dieser Umstände überraschen, daß Schmitt in der Neufassung des *Begriffs des Politischen* von 1933 den Namen des Dialogpartners, auf dessen öffentlich vorgelegte Interpretation und privat vorgetragene Fragen[12] er erwidert, mit keinem Wort erwähnt? Die politische Konstellation, unter der er stattfand, die theoretischen Positionen, die in ihm aufeinandertreffen, die grundsätzlichen Alternativen, die in ihm sichtbar werden und in Frage stehen, das Gewicht der beteiligten Personen, ihr Handeln und ihre gegenseitige Einschätzung – alles sollte dem Dialog zwischen Schmitt und Strauss wache und geduldige Aufmerksamkeit sichern. Es sollte Grund genug sein, ihn sorgfältig zu ver-

---

9 *Der Leviathan in der Staatslehre des Thomas Hobbes. Sinn und Fehlschlag eines politischen Symbols.* Hamburg 1938, p. 20. – Schmitt wurde Anfang Juli 1933 vom preußischen Ministerpräsidenten Hermann Göring in den Preußischen Staatsrat berufen. Er hatte maßgeblichen Anteil an der Ausarbeitung des Reichsstatthaltergesetzes vom April 1933 und war am 1. Mai 1933 der NSDAP beigetreten.
10 Leo Strauss: *Hobbes' politische Wissenschaft.* Neuwied 1965, p. 8.
11 Schmitt schrieb ein Gutachten über Strauss und dessen Hobbes-Studien, das wesentlich dazu beitrug, daß Strauss im Mai 1932 ein Stipendium der Rockefeller Foundation erhielt. Der zweite Gutachter war Ernst Cassirer, der Strauss 1921 in Hamburg promoviert hatte. Das Stipendium wurde Strauss für einen zweijährigen Studienaufenthalt in Frankreich und England gewährt. (Leo Strauss Papers, Box 3, Folder 8.) Siehe dazu die Briefe vom 13. März 1932 und 10. Juli 1933, S. 131 und 134 f.
12 Brief vom 4. September 1932, S. 132 f.

folgen und ihn für die Auseinandersetzung mit dem *Begriff des Politischen* fruchtbar zu machen. Schmitts beredtes Schweigen von 1933 (über Strauss) und von 1963 (über die Fassung von 1933) spricht sowenig dagegen wie die Tatsache, daß der Dialog in der längst uferlos gewordenen Literatur über Schmitt als Dialog gar nicht erkannt wurde. *L'essence de la critique, c'est l'attention.*

I

Leo Strauss hat über Zeitgenossen wenig geschrieben. Mit wenigen setzt er sich ausdrücklich auseinander. Nur drei Theore-
tikern widmet er zu Lebzeiten eingehende Studien, nur mit
dreien ist er in ein öffentliches Gespräch eingetreten oder hat
er ein solches zu beginnen versucht: Alexandre Kojève, Martin
Heidegger und Carl Schmitt. Weshalb Carl Schmitt? Warum der
Begriff des Politischen? Was weckt, woran entzündet sich das
besondere Interesse von Strauss? Vor allem anderen ist es »die
radikale Kritik am Liberalismus, die Schmitt anstrebt« (A 26).
Es ist die Kritik, die Schmitt *anstrebt*, ohne sie indes selbst zu
Ende zu bringen. Denn die Kritik des Liberalismus, die Schmitt
unternimmt, vollzieht sich und verbleibt »im Horizont des Liberalismus«. »Seine illiberale Tendenz« wird aufgehalten
»durch die bisher noch nicht überwundene ›Systematik liberalen Denkens‹« (A 35), die nach Schmitts eigenem Urteil »trotz
aller Rückschläge heute in Europa noch durch kein anderes System« ersetzt ist (70). Was Strauss am *Begriff des Politischen*
zuerst interessiert, ist, schärfer gefaßt, die Kritik am Liberalismus im Blick auf ihre Vollendung.

Dieses sachliche, die gesamte Auseinandersetzung mit
Schmitts Denken bestimmende Interesse veranlaßt Strauss,
sich nicht nur in den Umkreis von dessen Stärke zu stellen, sondern es in entscheidenden Punkten, mithin aufs Ganze gesehen, stärker zu machen, als es tatsächlich ist. Bereitwillig
kommt er der »Pflicht für den Kritiker« nach, angesichts der
grundsätzlichen Schwierigkeit, die Schmitts Unterfangen in einer liberalen Welt entgegensteht, »mehr auf das hinzuhören,
worin sich Schmitt von der herrschenden Ansicht unterscheidet, als auf das, worin er bloß der herrschenden Ansicht folgt«
(A 6).

Wie stark Strauss Schmitts Position macht, auf welche Weise

und in welcher Absicht er sie verstärkt, läßt sich bereits daran ablesen, daß er Schmitts theoretischen Ansatz insgesamt und von Anbeginn an als den Versuch einer originären, konsequenten, in sich stimmigen Abkehr von der liberalen »Kulturphilosophie« interpretiert. Daß Schmitt die Frage nach dem »Wesen des Politischen« (20, 45) von vornherein als Frage nach dem *Spezifischen* des Politischen versteht, daß er ohne Umstände nach einem **kennzeichnenden Merkmal**, einem *Kriterium* fragt, erklärt Strauss nicht aus einer Gleichgültigkeit Schmitts gegenüber der Frage nach dem Genus, innerhalb dessen die Eigenart des Politischen bestimmt werden muß, sondern aus einem »tiefen Verdacht gegen die heute nächstliegende Antwort«. Schmitt »bahnt sich den Weg zu einer ursprünglichen Antwort«, »indem er am Phänomen des Politischen die nächstliegende Antwort ad absurdum führt«. Die »trotz aller Anfechtungen auch heute noch nächstliegende, eigentlich liberale Antwort« aber lautet, dieses Genus sei »die ›Kultur‹, d. h. die Totalität ›menschlichen Denkens und Handelns‹, die sich gliedert in ›verschiedene, relativ selbständige Sachgebiete‹ [26], in ›Kulturprovinzen‹ (Natorp)« (A 7). Das Kriterium des Politischen bestimmt Schmitt als die Unterscheidung von Freund und Feind, wobei er ausdrücklich deren Gleichartigkeit und Analogie zu den »letzten« Unterscheidungen von Gut und Böse »auf dem Gebiet des Moralischen«, Schön und Häßlich »im Ästhetischen«, Nützlich und Schädlich »im Ökonomischen« verneint (26). Damit schert er keineswegs nur in Rücksicht auf einen besonderen »Bereich« aus der Konzeption der liberalen »Kulturphilosophie« aus. Indem er das Politische als »selbständig«, jedoch »nicht im Sinne eines eigenen neuen Sachgebietes« (27) begreift, stellt er, recht verstanden, die Lehre von den autonomen »Kulturprovinzen« oder »relativ selbständigen Sachgebieten« überhaupt in Frage. Impliziert ist, wie Strauss hervorhebt, »eine grundsätzliche Kritik zum mindesten des herrschenden Kulturbegriffs« (A 7). Freilich bringt Schmitt diese Kritik »nicht überall zum Ausdruck. Auch er spricht – der Sprechweise einer ganzen Literatur folgend – gelegentlich von den ›verschiedenen, relativ selbständigen Sachgebieten menschlichen Denkens und Handelns‹ [26]«. Da Strauss die »gelegentlich« anzutreffende Redeweise Schmitts wenige Zeilen zuvor in seiner Erläuterung des liberalen Kulturbegriffs wörtlich zitierte, macht der scheinbar beiläufige Hinweis auf eine Inkonsequenz des »Ausdrucks« den Leser und zuallererst Schmitt selbst darauf aufmerksam, daß Schmitt sich in einem wichtigen Punkt über die Tragweite seines Unternehmens im unklaren ist. In der Neufassung des *Begriffs des Politischen* von 1933 finden sich die »relativ selbständigen Sachgebiete« nirgendwo mehr wieder. Dagegen hebt Schmitt durch Sperrung hervor, daß die Unterscheidung von Freund und Feind *selbständig* ist. Und bereits im Eröffnungsabschnitt wird der politische Gegensatz den Gegensätzen von Gut und Böse, Schön und Häßlich usw. jetzt ausdrücklich als der »weit tiefere Gegensatz« gegenübergestellt.[13]

Strauss nimmt Schmitt gegen das Mißverständnis in Schutz, er »wolle, nachdem der Liberalismus die Autonomie des Ästhetischen, der Moral, der Wissenschaft, der Wirtschaft usw. zur Anerkennung gebracht« hat, »nunmehr seinerseits gegen den Liberalismus, aber doch in Fortsetzung der liberalen Autonomiebestrebungen die Autonomie des Politischen zur Anerkennung bringen«. Obwohl sich Schmitt »an einer Stelle« [71] so ausdrückt, »daß ein oberflächlicher Leser« diesen Eindruck gewinnen könnte, »zeigen schon die Anführungszeichen, mit denen er das Wort ›Autonomie‹ in dem Ausdruck ›Autonomie der verschiedenen Gebiete des menschlichen Lebens‹ versieht«, »wie wenig dies Schmitts Meinung ist«. »Vollends deutlich wird der Abstand Schmitts vom herrschenden Kulturbegriff« nach Strauss »in folgender indirekten Kennzeichnung des Ästhetischen: ›der Weg vom Metaphysischen und Moralischen zum Ökonomischen geht über das Ästhetische, und der Weg über den noch so sublimen ästhetischen Konsum und Ge-

---

13 Cf. Strauss' kritische Bemerkung im zweiten Absatz seines Briefes vom 4. September 1932, S. 132.

nuß ist der sicherste und bequemste Weg zur allgemeinen Ökonomisierung des geistigen Lebens ...‹ [83]; denn der herrschende Kulturbegriff schließt in jedem Fall die Anerkennung
des autonomen Wertes des Ästhetischen ein, gesetzt, er werde
nicht gerade durch diese Anerkennung überhaupt erst konstituiert« (A 8). Schmitt antwortet auf diese Interpretation mit ge-
ringfügigen, seinem Kritiker deshalb aber nicht weniger deutlich Zustimmung signalisierenden Änderungen des Textes. Die
Anführungszeichen, die Strauss zu Beginn seiner Auslegung
hervorgehoben hat, wiederholt Schmitt im unmittelbaren Fol-
gesatz zu der zitierten Stelle gleich fünfmal in sinngemäßer
Weise. Außerdem setzt er eine kurze Ergänzung hinzu, die erkennbar an die Aussage anknüpft, mit der Strauss schließt:
Dem Liberalismus scheine »ganz selbstverständlich«, heißt es
1933, »daß die Kunst eine ›Tochter der Freiheit‹, das ästhetische Werturteil ›autonom‹, das künstlerische Genie ›souverän‹
ist *und daß das Kunstwerk ›tendenzlos‹ seinen ›Zweck in sich‹
hat«.*[14]
Von der Souveränität des künstlerischen Genies, von der Autonomie des Moralischen, des Ästhetischen und des Ökonomischen kann nur so lange als von etwas Selbstverständlichem
die Rede sein, wie die Wirklichkeit des Politischen verkannt,

14 III, 53. Meine Hervorhebung. 1932 lautet die Passage: »Daß die Kunst eine Tochter der Freiheit, das ästhetische Werturteil unbedingt autonom, das
künstlerische Genie souverän ist, scheint ihm selbstverständlich« (71). An anderen Stellen hat Schmitt analoge Änderungen vorgenommen. Z. B. werden
aus »den Normen oder Idealen einer autonom gedachten Wirtschaft« (49) die
»Normen oder Ideale einer ›autonom‹ sich selbst regulierend gedachten Wirtschaft« (III, 31), oder man liest statt: »Den politischen Gegnern einer klaren
politischen Theorie wird es deshalb nicht schwer, die klare Erkenntnis und
Beschreibung politischer Phänomene und Wahrheiten im Namen irgendeines
autonomen Sachgebiets als unmoralisch, unökonomisch, unwissenschaftlich
und vor allem – denn darauf kommt es politisch an – als bekämpfenswerte
Teufelei hors-la-loi zu erklären« (65), in der Fassung von 1933: »Wer an Tar-
nungen, Verschleierungen und Vernebelungen politisch interessiert ist, hat
deshalb leichtes Spiel. Er braucht nur die klare Erkenntnis und Beschreibung
politischer Phänomene und Wahrheiten im Namen irgendeines ›autonomen
Sachgebiets‹ als unmoralisch, unökonomisch, unwissenschaftlich und vor allem – denn darauf kommt es politisch an – als bekämpfenswerte Teufelei zu
diffamieren« (III,46).

der Gegensatz von Freund und Feind verharmlost und der Ausnahmefall ausgeblendet wird, der »hier, wie auch sonst«, eine »den Kern der Dinge enthüllende Bedeutung hat« (35). Das schiedlich-friedliche Nebeneinander der »Sachgebiete menschlichen Denkens und Handelns« wird zuschanden an der »realen Möglichkeit« des bewaffneten Kampfes, die »zum Begriff des Feindes gehört« und die das Politische konstituiert (33). Mag sich der Einzelne in den verschiedenen »Kulturprovinzen« als »Frei-sich-Entschließender« bewegen, mag er dort Verbindlichkeiten suchen oder fliehen, Verpflichtungen eingehen oder leugnen, in der »Sphäre des Politischen« begegnet er einer objektiven, äußeren Gewalt, die ihn existentiell betrifft, die ihn auf Leben und Tod in Anspruch nimmt. Er kann »freiwillig sterben wofür er will; das ist, wie alles Wesentliche in einer individualistisch-liberalen Gesellschaft durchaus ›Privatsache‹« (49). Der Feind und der Krieg als die »äußerste Realisierung der Feindschaft« (33) hingegen konfrontieren ihn mit einer Frage, der er nicht nach Belieben ausweichen kann. Sie stellen ihn vor Entscheidungen, mit denen er über sich selbst entscheiden *muß*, angesichts deren er gezwungen ist, sich über seine Identität klarzuwerden. Denn das Politische liegt »nicht im Kampf selbst«, sondern in einem an der realen Möglichkeit des Krieges ausgerichteten Verhalten, »in der klaren Erkenntnis der eigenen, dadurch bestimmten Situation und in der Aufgabe, Freund und Feind richtig zu unterscheiden« (37). Die politische Frage der richtigen Unterscheidung von Freund und Feind erhält im Angesicht des Krieges ein Schwergewicht, das ihre Bedeutung über das Politische weit hinaushebt. Strauss bringt Schmitts »illiberale Tendenz« konsequent zum Ausdruck, wenn er sagt: »Der Krieg ist nicht bloß ›das extremste politische Mittel‹, er ist der Ernstfall nicht bloß innerhalb eines ›autonomen‹ Bereiches – des Bereiches eben des Politischen –, sondern der Ernstfall für den Menschen schlechthin, weil er ›auf die reale Möglichkeit der *physischen Tötung* Bezug‹ hat und behält [33]; diese für das Politische konstitutive Ausrichtung zeigt, daß das Politische *fundamental* und nicht ein ›relativ selbständiges Sachgebiet‹ neben anderen ist. Das Politische ist das ›Maßgebende‹ [39]« (A 9). Exakt an der Stelle, auf die sich Strauss am Ende seiner Formulierung »Das Politische ist das Maßgebende« bezieht,[15] erweitert Schmitt 1933 den Text – um seinen Gegensatz zur liberalen »Kulturphilosophie« schärfer herauszustellen, als er dies im *Begriff des Politischen* jemals zuvor getan hatte:»Die politische Einheit ist«, steht nun zu lesen,»immer, solange sie überhaupt vorhanden ist, die maßgebende Einheit, total und souverän. ›Total‹ ist sie, weil erstens jede Angelegenheit potenziell politisch sein und deshalb von der politischen Entscheidung betroffen werden kann; und zweitens der Mensch in der politischen Teilnahme ganz und existenziell erfaßt wird. Die Politik ist das Schicksal.«[16]

---

15 Schmitt hatte an der von Strauss als Beleg genannten Stelle nicht vom Politischen als dem »Maßgebenden«, sondern lediglich von der »maßgebenden menschlichen Gruppierung«, der »maßgebenden Einheit« und dem »maßgebenden Fall« gesprochen (39). Dagegen ist 1933 an anderem, für die Strausssche Auslegung ebenfalls einschlägigem Ort (III, 9) neu von der »Selbständigkeit *und Maßgeblichkeit des politischen Gegensatzes*« die Rede. (Meine Hervorhebung. Cf. den Wortlaut in der zweiten Fassung, 28.)
16 III, 21. Den unmittelbar vorangehenden Satz hat Schmitt in jeder Fassung geändert: »Das Politische bestimmt immer die Gruppierung, die sich an dem Ernstfall orientiert« (I, 11). »Politisch ist jedenfalls immer die Gruppierung, die sich an dem Ernstfall orientiert« (39). »Politisch ist jedenfalls immer die Gruppierung, die vom Ernstfall her bestimmt wird« (III, 21). Cf. zur definitiven Version im einzelnen die Formulierungen bei Strauss, A 9 und A 10.

II

Der Weg, den Carl Schmitt bis zu dieser Aussage zurücklegte, war weiter, als ein »oberflächlicher Leser« des Aufsatzes von Strauss vermuten mag. Denn Strauss läßt Schmitts Position auch dadurch stärker erscheinen, daß er mit keinem Wort auf die Änderungen eingeht, die Schmitt zwischen 1927 und 1932 in der Konzeption des *Begriffs des Politischen* vorgenommen hat. Der aufmerksame Leser, dem ein einziger Hinweis von Strauss auf ein 1932 modifiziertes Urteil Schmitts über Thomas Hobbes genügt,[17] um sich die erste Fassung zu besorgen und genauer anzusehen, wird feststellen, daß bei ihrer Lektüre nicht nur ein »oberflächlicher Leser den Eindruck gewinnen könnte«, Schmitt wolle, »gegen den Liberalismus, aber doch in Fortsetzung der liberalen Autonomiebestrebungen die Autonomie des Politischen zur Anerkennung bringen«. Er wird bemerken, daß Schmitt an der »einen Stelle«, welche Strauss in der Version von 1932 erörtert, um darzutun, »wie wenig dies Schmitts Meinung ist«, in der ersten Ausgabe weder den Ausdruck *Autonomie* in Anführungszeichen setzt noch etwa mit offener Kritik an der »Selbständigkeit ästhetischer Werte« (I, 30) aufwartet. Schließlich und vor allem wird ihm auffallen, daß Schmitt nicht nur »gelegentlich« von den »relativ selbständigen Gebieten menschlichen Denkens und Handelns« spricht, sondern *das Politische selbst* ausdrücklich als *Gebiet,* »als eigenes Gebiet neben anderen« bestimmt (I, 3, 4), eine Bestimmung, die Schmitt fünf Jahre später ebenso ausdrücklich verneint (27, 38). Strauss hat zweifellos gute Gründe, wenn er über Schmitts Änderungen hinwegsieht und die Widersprüche des Buches, die auf dessen »Entwicklungsgeschichte« beruhen, mit Schweigen übergeht. Daß er gleichwohl, so vornehm und

17 In der Fußnote zu A 14.

diskret wie nur möglich, auf sie aufmerksam macht, ist für uns kein weniger guter Grund, Schmitts anfängliche Konzeption einen Augenblick zu betrachten und näher in Augenschein zu nehmen, was Strauss in seiner Interpretation unerörtert beiseite läßt.

Schmitt beginnt seinen Kampf um den Begriff des Politischen aus der Defensive. Gegen die Negation des Politischen durch »die erstaunlich konsequente und trotz scheinbarer Rückschläge heute noch durchaus herrschende Systematik liberalen Denkens« (I, 29) versucht er die »seinsmäßige Sachlichkeit und Selbständigkeit des Politischen« (I, 5) zur Geltung zu bringen. Defensiv ist sein Bemühen, dem Politischen die Anerkennung zu verschaffen, die »jedes selbständige Gebiet« (I, 3, 4) für sich beanspruchen kann und die den »anderen« vom Liberalismus auch nicht versagt wird (I, 29, 30). Defensiv ist seine Behauptung, die für das »Gebiet des Politischen« spezifische Unterscheidung von Freund und Feind könne »theoretisch und praktisch bestehen, ohne daß gleichzeitig moralische, ästhetische, ökonomische oder andere Unterscheidungen zur Anwendung kommen« (I, 4). Defensiv ist die Antwort, die Schmitt auf die zentrale Frage nach den Bestimmungen des politischen Feindes gibt, er sei »eben der Andere, der Fremde« und es genüge »zu seinem Wesen, daß er in einem besonders intensiven Sinne existenziell etwas Anderes und Fremdes ist, so daß er im Konfliktsfalle die Negation der eigenen Art von Existenz bedeutet und deshalb abgewehrt oder bekämpft wird, um die eigene, seinsmäßige Art von Leben zu bewahren« (I, 4). Ist das Politische für Schmitt in einem Zeitalter der Neutralisierungen und Entpolitisierungen das zu Verteidigende, so erscheint die Politik in Schmitts Rhetorik wesentlich als Verteidigung. Mit großer Eindringlichkeit ist von der *Abwehr* des Feindes, des »wirklichen«, des »eigenen Feindes« die Rede (I, 4, 9, 17, 29). Beständig tritt der Feind als Angreifer auf, nie kommt er in der theoretischen Erörterung als der Angegriffene in den Blick. Diese Optik mag den Leser von der Frage ablenken, wie der »wirkliche Feind« »erkannt« werden kann und die

»eigene, seinsmäßige Art von Leben« behauptet werden soll, ohne daß »andere Unterscheidungen zur Anwendung kommen«, ohne daß »Normativitäten«, »rationale Zwecke«, »ideale Programme« im Spiel sind. Wenn der Feind angreift, ist der Wille, ihn abzuwehren, »völlig selbstverständlich« (I, 29). Der Feind bestimmt sich durch den Angriff selbst als Feind, die Gründe und Motive der Feindschaft können dann, so mag es aus der Sicht des Angegriffenen scheinen, getrost als sekundär vernachlässigt werden. Die Rhetorik der Defensive hilft Schmitt indes nicht nur über theoretische Schwierigkeiten seines Begriffs des Politischen hinwegzutäuschen. Als Rhetorik der »reinen Politik«[18] verschafft sie ihm den doppelten politischen Vorteil, seine eigene »rein politische« Position gegen alle »normative« Kritik abschirmen, zugleich aber seinerseits normative »Einmischungen« in und »Übergriffe« auf den Bereich der »reinen Politik« aus der überlegenen Selbstgewißheit des moralisch Indignierten attackieren zu können: Der Feind, der in »unpolitischem und sogar antipolitischem« Gewande Politik treibt, verstößt gegen die Ehrlichkeit und Sichtbarkeit der reinen Politik. Er betrügt. Er scheut nicht einmal davor zurück, sich um seines politischen Vorteils willen eines »hochpolitischen Mißbrauchs« schuldig zu machen.[19] Es ist »etwas ganz

18 »... der Theoretiker der reinen Politik kann, wenn er konsequent bei seinem politischen Denken bleibt, auch in dem Vorwurf der Immoralität und des Zynismus immer wieder nur ein politisches Mittel konkret kämpfender Menschen erkennen« (I, 26). Zuvor spricht Schmitt vom »rein politischen Begriff« und von den »rein politischen Denkern« (I, 25). 1932 sind alle diese Aussagen geändert (64, 65, 67).
19 I, 16, 20, 25, 26, 27, 32, 33. (Cf. in der zweiten Fassung 49, 55, 65, 66, 68, 76, 77.) Zu Schmitts Hochschätzung von *Ehrlichkeit* und *Sichtbarkeit* in der Politik cf. *Wesen und Werden des faschistischen Staates* (1929), p. 114, ferner *Staatsethik und pluralistischer Staat* (1930), p. 143, beide in: *Positionen und Begriffe im Kampf mit Weimar-Genf-Versailles 1923–1939.* Hamburg 1940, und *Staat, Bewegung, Volk. Die Dreigliederung der politischen Einheit.* Hamburg 1933, p. 28. Den tiefsten Grund für seinen Horror vor allen unsichtbaren, im Verborgenen bleibenden und sich verschleiernden bedienenden anonymen Mächten nennt Schmitt Jahrzehnte später beim Namen, wenn er von einer »satanischen Versuchung« spricht. *Nomos-Nahme-Name* in: Der Beständige Aufbruch. Festschrift für Erich Przywara. Nürnberg 1959, p. 104. Cf. *Die Sichtbarkeit der Kirche* in: Summa, Zweites Viertel, Hellerau

Selbstverständliches«, »daß nur gegen einen wirklichen Feind Krieg geführt werden soll«. Die nötigenfalls physische Abwehr eines »wirklichen Feindes in der seinsmäßigen Bedeutung« ist »politisch sinnvoll«, wobei Schmitt nicht versäumt, eigens darauf hinzuweisen, daß diese Aussage »keine Legitimierung oder Rechtfertigung« sei, sondern »einen rein existenziellen Sinn« habe (I, 17). Anders steht es, sobald der Feind die Sphäre der »reinen Politik« verläßt und, »über das Politische hinausgehend, den Feind gleichzeitig in moralischen und anderen Kategorien« herabsetzt, wenn er ihn zum »unmenschlichen Scheusal« macht, »das nicht nur abgewehrt, sondern definitiv vernichtet werden muß, also nicht einmal mehr sachlich zu behandelnder Feind ist« (I, 9). Hier gerät der »wirkliche Kampf gegen einen wirklichen Feind« in den Sog »idealer Programme« oder »Normativitäten«. Es gibt aber, wie der Moralist Schmitt weiß, »keinen rationalen Zweck, keine noch so richtige Norm, kein noch so ideales Programm, keine Legitimität oder Legalität, die es rechtfertigen könnte, daß Menschen sich gegenseitig dafür töten.« Der Verfechter der reinen Politik fährt fort: »Wenn eine solche physische Vernichtung menschlichen Lebens nicht aus der seinsmäßigen Behauptung der eigenen Existenzform gegenüber einer ebenso seinsmäßigen Verneinung dieser Form geschieht, so läßt sie sich eben nicht rechtfertigen« (I, 17).

Die Rhetorik der reinen Politik hat bei allen politischen Vorzügen für Schmitt einen gravierenden Nachteil. Wenn es ihm mit seiner anfänglichen Konzeption gelingt, die »seinsmäßige Sachlichkeit und Selbständigkeit des Politischen« zur Geltung zu bringen, dann nur um den Preis einer Verkürzung des Politischen auf das Außenpolitische: »Krieg ist bewaffneter Kampf zwischen Völkern« (I, 6). Völker sind die Subjekte der Politik. Sie konstituieren, zu politischen Einheiten organisiert, das »Pluriversum« der politischen Welt (I, 19). Die Innenpolitik

1917, p. 71–80; und *Römischer Katholizismus und politische Form*. Hellerau 1923, p. 31/32, 39/40, 66. (Zweite, leicht veränderte, Auflage, München 1925, p. 21, 26, 43.)

kommt 1927 fast ausschließlich in Rücksicht auf die Außenpolitik zur Sprache.[20] Konflikte im Innern eines Staates werden im Horizont der Frage erörtert, welche Auswirkungen sie auf die Fähigkeit der politischen Einheit haben können, Krieg zu führen (I, 9 ff.). Siebenundsiebzigmal spricht Schmitt in den dreiunddreißig Abschnitten seines Aufsatzes vom *Krieg*. Das Wort *Bürgerkrieg* fällt kein einziges Mal. 1931/32 sieht sich Schmitt einer veränderten politischen Lage gegenüber. Die »Systematik liberalen Denkens« ist zwar »in Europa noch durch kein anderes System« ersetzt, aber sie ist nicht mehr »herrschend«. Sie hat nicht länger lediglich »scheinbare« Rückschläge zu verzeichnen (70). Während Schmitts Stoßrichtung 1927 einen Feind im Auge hat, von dem »das Politische mit besonderem Pathos jeder Selbständigkeit beraubt und den Normen und ›Ordnungen‹ von Moral und Recht unterworfen wird« (I, 30), glaubt er 1932 bereits auf das »liberale Zeitalter« zurückblicken zu können,[21] in dem »politische Gesichtspunkte mit besonderem Pathos jeder Gültigkeit beraubt und den Normativitäten und ›Ordnungen‹ von Moral, Recht und Wirtschaft unterworfen wurden« (72). Den »Neutralisierungen und Entpolitisierungen wichtiger Sachgebiete« ist in dem »gegenüber keinem Sachge-

20 Als wichtige Ausnahme ist Schmitts Hinweis auf die Oktoberrevolution und die Revolution von 1789 zu nennen, die ihm als Belege dafür dienen, daß »überall in der politischen Geschichte, außenpolitisch wie innerpolitisch, die Unfähigkeit oder Unwilligkeit« zur Unterscheidung von Freund und Feind »als Symptom des politischen Endes« erscheint. »In einem erschöpften Europa macht eine relativistische Bourgeoisie alle denkbaren exotischen Kulturen zum Gegenstand ihres ästhetischen Konsums« (I, 26/27).
21 »... daß Produktion und Konsum, Rentabilität und Markt ihre eigene Sphäre haben und von der Ethik oder Aesthetik oder Religion nicht dirigiert werden können, ist wohl einer der wenigen wirklich geltenden, ganz unbezweifelbaren Sätze der heutigen Welt« (I, 30). »Daß Produktion und Konsum, Preisbindung und Markt ihre eigene Sphäre haben und weder von der Ethik noch von der Ästhetik, noch von der Religion und am allerwenigsten von der Politik dirigiert werden können, galt als eines der wenigen wirklich undiskutierbaren, unbezweifelbaren Dogmen dieses liberalen Zeitalters« (71/72). Vergleiche ebenso die in FN 20 zitierte Aussage mit der neuen Fassung: »In einem verwirrten Europa suchte eine relativistische Bourgeoisie alle denkbaren exotischen Kulturen zum Gegenstand ihres ästhetischen Konsums zu machen« (67).

biet desinteressierten, potenziell jedes Gebiet ergreifenden *totalen* Staat« inzwischen ein mächtiger Gegenspieler erwachsen. Für ihn ist »*alles* wenigstens der Möglichkeit nach politisch« (24). In Anbetracht dieser Situation geht Schmitt in die Offensive. Statt für das Politische ein »eigenes Gebiet« zu reklamieren, zielt er jetzt aufs Ganze. An die Stelle der »eigenen, relativ selbständigen, relativ letzten Unterscheidungen«, die das »Politische haben muß« (I, 3), treten dessen »eigene letzten Unterscheidungen« (26). Der »Punkt des Politischen« kann »von jedem ›Sachgebiet‹ aus« erreicht werden (62), das Politische kann überall »herausspringen«, alles durchdringen und erfassen, weil es kein eigenes Sachgebiet, keine ihm besondere Materie, sondern den »äußersten Intensitätsgrad einer Verbindung oder Trennung, einer Assoziation oder Dissoziation« bezeichnet.[22] Die Gebiets-Konzeption wird durch ein Intensitätsmodell ersetzt. Es ist nur folgerichtig, wenn Schmitt nun, seine weitreichende Änderung nach Kräften zu verbergen suchend, sagt, die Unterscheidung von Freund und Feind könne »theoretisch und praktisch bestehen, ohne daß gleichzeitig *alle jene*[23] moralischen, ästhetischen, ökonomischen oder andren Unterscheidungen zur Anwendung kommen müßten« (27). Denn *daß* sie, einzeln oder sich gegenseitig verstärkend, im Spiel

22 27, 38. »Mit dem Wort ›politisch‹ ist kein eigenes Sachgebiet und keine eigene Materie angegeben, die man von andern Sachgebieten oder Materien unterscheiden könnte, sondern nur der *Intensitätsgrad* einer Assoziation oder Dissoziation. Jedes Sachgebiet kann politisch werden, wenn aus ihm der Gegenstand einer Freund- und Feindgruppierung entnommen wird. Das Wort ›politisch‹ bezeichnet *keine neue Materie*, sondern ... nur eine ›*neue Wendung*‹ ... Die Leistung eines normalen Staates besteht darin, die gegensätzlichen Gruppierungen innerhalb seiner selbst zu relativieren und ihre letzte Konsequenz, den Krieg, zu verhindern. Ist ein Staat zu dieser Leistung nicht mehr imstande, so verlegt sich das Schwergewicht der Politik von außen nach innen. Die innerpolitischen Gegensätze werden dann zu den maßgebenden Freund- und Feindgruppierungen, und das bedeutet eben latenten oder akuten Bürgerkrieg.« *Hugo Preuss. Sein Staatsbegriff und seine Stellung in der deutschen Staatslehre.* Tübingen 1930, Anmerkung 1, p. 26. Cf. *Staatsethik und pluralistischer Staat, P. u. B.*, p. 140/141, wo das Intensitätskonzept allerdings *ganz* auf die *politische Einheit* in Gestalt des *Staates* ausgerichtet ist; ferner *Der Hüter der Verfassung.* Tübingen 1931, p. 111.
23 Meine Hervorhebung.

sind, wenn sich die Intensität einer Verbindung oder Trennung bis zum »Punkt des Politischen« steigert, läßt sich schwerlich bestreiten. Es ergibt sich zwingend, sobald das Politische selbst von allen Vorgegebenheiten gelöst, aller Substanz entkleidet wird und »nur den *Intensitätsgrad* einer Assoziation oder Dissoziation von Menschen« angeben soll, »deren Motive religiöser, nationaler (im ethnischen oder kulturellen Sinne), wirtschaftlicher oder anderer Art sein können« (38). Das Intensitätskonzept des Politischen verschafft Schmitt die Möglichkeit, den Bürgerkrieg und die Revolution zu erfassen. Mühelos kann der Feind jetzt als der Verwandte, der Bruder, der Gleiche begriffen werden. Dessenungeachtet bleibt Schmitt bei seiner Aussage, der Feind sei »eben der Andere, der Fremde«. Allerdings versäumt er nicht, auch in diesem Fall eine subtile Korrektur vorzunehmen. In der Erstfassung ist es der politische Feind, der »im Konfliktsfall die Negation der eigenen Art von Existenz bedeutet«. 1932 schreibt Schmitt, daß jeder der Beteiligten »nur selbst entscheiden kann, ob das Anderssein des Fremden im konkret vorliegenden Konfliktsfall die Negation der eigenen Art Existenz bedeutet und deshalb abgewehrt oder bekämpft wird, um die eigene, seinsmäßige Art von Leben zu bewahren.«[24] Wie immer es mit diesem Anderssein des Feindes stehen mag, das *als Anderssein* die Negation der eigenen Art Existenz bedeuten soll, die Entscheidung darüber kann nicht ohne die Kategorien Gut und Böse, Edel und Schlecht, Nützlich und Schädlich auskommen. Wie sonst sollten die Gesichtspunkte »richtigen Erkennens und Verstehens« (27) gewonnen, wie anders könnte die eigene, seinsmäßige Art von Leben bestimmt, artikuliert, abgegrenzt werden, die es zu bewahren gilt?

Mit der Abkehr von der Gebiets-Konzeption macht Schmitt seinen Begriff des Politischen »bürgerkriegsfähig«. Die Heraufkunft des »totalen Staates« schärft den Blick für die »potenziel-

24 27. »... abgewehrt oder bekämpft werden muß, um die eigene, seinsmäßige Art von Leben zu retten« (III, 8).

le Ubiquität« des Politischen, und sie eröffnet die Aussicht, den Liberalismus auf dessen ureigenstem Felde, in der Innenpolitik, schlagen zu können. Dem trägt Schmitts Intensitätsmodell Rechnung.[25] Es erweitert das Terrain des Kampfes im selben Maße, in dem es das Politische gradualisiert oder liquide macht. Wenn »jede konkrete Gegensätzlichkeit um so politischer ist, je mehr sie sich dem äußersten Punkte, der Freund-Feindgruppierung, nähert« (30), dann ist alles *mehr* oder *weniger*, jedenfalls aber potentiell politisch. Umgekehrt kann das Politische nur dann als ubiquitär erreichbarer Intensitätsgrad

25 Schmitt hat – nicht ohne Erfolg – den Eindruck zu erwecken versucht, es habe gar keine konzeptionellen Änderungen im *B. d. P.* gegeben. In dem »Oktober 1931« datierten Nachwort zur zweiten Fassung heißt es: »Die vorliegende Ausgabe enthält ... eine Reihe neuer Formulierungen, Anmerkungen und Beispiele, aber keine Änderung und Weiterführung des Gedankenganges selbst. Hierfür möchte ich abwarten, welche Richtungen und Gesichtspunkte in der seit etwa einem Jahre lebhaft einsetzenden neuen Erörterung des politischen Problems entscheidend hervortreten werden.« Seit »etwa einem Jahr« hatte Schmitt in ersten, verstreuten Bemerkungen begonnen, mit dem Intensitäts-Modell zu operieren (cf. FN 22) und die »Wendung zum totalen Staat« zu diagnostizieren (einen Aufsatz unter diesem Titel publizierte er im April 1931 in der Europäischen Revue). 1937 sagt Schmitt im Hinblick auf das Begriffspaar *totaler Staat – totaler Krieg*: »In Deutschland erweitert die Herausarbeitung des ›Begriffs des Politischen‹ seit 1927 den Zusammenhang dieser Totalitäten zu der Reihe: totaler Feind, totaler Krieg, totaler Staat. Ernst Jüngers Schrift ›Totale Mobilmachung‹ (1930) bewirkte den Durchbruch der Formel ins allgemeine Bewußtsein.« *Totaler Feind, totaler Krieg, totaler Staat, P. u. B.*, p. 235. Im *Text* von 1927 findet sich freilich keiner der drei genannten Begriffe. Zur auszugsweisen Wiederveröffentlichung der ersten Fassung des *B. d. P.* in der Sammlung *Positionen und Begriffe* merkt Schmitt 1939 an: »Der vorliegende Abdruck ist wörtlich nach der Veröffentlichung des Jahres 1927 erfolgt, zur besseren Beurteilung der von Emigranten-Zeitschriften gemachten Versuche, einige Verbesserungen, die ich später vorgenommen habe, als unanständige Gesinnungsänderungen hinzustellen« (p. 314). Lassen wir einmal beiseite, daß sich die Kritik, auf die Schmitt anspielt, nicht auf die Änderungen gegenüber der ersten, sondern auf jene gegenüber der zweiten Fassung bezog (die beiden Stellen etwa, deren »zeitgemäße« Neuformulierung Löwith anführte, waren im Text von 1927 gar nicht vorhanden, s. FN 6), so ist in unserem Zusammenhang von Interesse, daß Schmitt bei seinem Abdruck lediglich die Seiten 11 (Absatz 13) bis 21 (Absatz 23), nicht aber die Seiten 1–11 und 22–33 (Absätze 1–12 u. 24–33) aufnimmt. Die sachlich aufschlußreichsten Änderungen, die Abkehr von der Gebiets-Konzeption, die Abwendung von der Rhetorik der »reinen Politik«, betreffen exakt die Seiten, die Schmitt nicht abdruckt.

begriffen werden, wenn es nicht länger an substantielle, natürlich oder historisch begründete Gegensätze gebunden wird, wenn der politische Feind nicht auf den »Fremden«, auf den »Anderen« in einem überindividuellen Verstande beschränkt bleibt. Die »reine Politik« gehört 1932 der Vergangenheit an. Der Bürgerkrieg wird mit dem Krieg in einem Atemzug genannt.[26] Die Innenpolitik tritt der Außenpolitik zur Seite, wobei Schmitt eine Hilfskonstruktion einführt, um dem Politischen *innerhalb* des Staates wenigstens einen begrenzten Raum jenseits der Gleichsetzung von Politik und Polizei zu verschaffen, ohne daß die politische Einheit sogleich im Bürgerkrieg versinken müßte: »*neben* den primär politischen Entscheidungen und im Schutz der getroffenen Entscheidung«, erklärt Schmitt, »ergeben sich zahlreiche *sekundären* Begriffe von ›politisch‹« (30). Aber auch auf den »inneren Feind« in der prägnanten Bedeutung des Wortes kommt er nun ausführlich zu sprechen, auf die »innerstaatliche Feinderklärung«, auf »Ketzer und Häretiker« (46–48). Der Krieg selbst schließlich erscheint nicht länger allein als »bewaffneter Kampf zwischen Völkern«. Die »heiligen Kriege und Kreuzzüge« der Kirche sind für Schmitt jetzt »Aktionen, die auf einer Feindentscheidung beruhen wie andere Kriege« (48). Sollte der Feind in ihnen etwa nicht »gleichzeitig in moralischen und anderen Kategorien« herabgesetzt werden wie in jenen »besonders intensiven und unmenschlichen Kriegen«, die Schmitt auch 1932 als »über das Politische hinausgehend« charakterisiert? Sollte für sie nicht gelten, was für die Kriege gilt, die den Feind »zum unmenschlichen Scheusal« machen, »das nicht nur abgewehrt, sondern definitiv vernichtet werden muß«, das »also« – hier weicht er von der Erstfassung ab – »nicht mehr nur ein in seine Grenzen zurückzuweisender Feind ist«? Mit dem Intensitätskonzept läßt Schmitt zwar die »reine Politik« hinter sich, keineswegs ist er indes gewillt, auf die Vorteile seiner bisherigen Rhetorik zu verzichten. So fügt er in den Text ein, was seinen veränderten theoreti-

26 32, 33, 38, 46; cf. 29, 30–32, 42, 43, 47, 53, 54.

schen Ansatz vorzüglich zu erhellen vermag, ohne zu streichen, was sich schwerlich mit ihm vereinbaren läßt, aber geeignet erscheint, einen politisch willkommenen Eindruck zu erwecken.[27] So versucht er die Fiktion aufrechtzuerhalten, »besonders intensive und unmenschliche Kriege« könnten noch in irgendeiner aussagekräftigen Weise »über das Politische hinausgehend« genannt werden, wenn das Politische selbst den äußersten Intensitätsgrad bezeichnen soll, dem sich die Gegensätze zwischen den Menschen um so mehr nähern, je intensiver sie werden. Nicht minder führt die Rhetorik der wissenschaftlichen Bescheidenheit in die Irre, auf die Schmitt 1932 zurückgreift (26, 29). Weder geht es ihm im *Begriff des Politischen* lediglich oder zuerst darum, zu beschreiben, was ist, noch bezeichnet das Politische für ihn »nur« einen Intensi-

---

27 Im Neudruck des »unveränderten« Textes hebt Schmitt die Wörter *über das Politische hinausgehend – vernichtet – also nicht mehr nur ein in seine Grenzen zurückzuverweisender Feind* kursiv hervor (37). Er wiederholt die Stelle in einem der »Hinweise« von 1963 und nennt sie »für den in der Abhandlung vorausgesetzten Feindbegriff entscheidend« (119). Sie ist ihm so wichtig, daß er sie auch in der *Theorie des Partisanen. Zwischenbemerkung zum Begriff des Politischen.* Berlin 1963, p. 94, im vollen Wortlaut (jetzt wieder ohne Kursivdruck) zitiert. Wie immer es um die Verdienste von Schmitts späterer Differenzierung zwischen *konventionellem, wirklichem* und *absolutem Feind* mit Rücksicht auf die Theorie des Krieges bestellt sein mag, für den Begriff des *Politischen* ist sie nicht entscheidend. Sie wird durch ihn in keiner Weise gefordert oder gar begründet. Und auch die Rede von den »besonders intensiven und unmenschlichen Kriegen«, die den Feind, *über das Politische hinausgehend,* herabsetzten, erhält durch sie keine Substanz, solange das Intensitäts-Konzept des Politischen nicht selbst preisgegeben wird. In der *Theorie des Partisanen* schreibt Schmitt, zwei Seiten bevor er die noch der Rhetorik der »reinen Politik« von 1927 entstammende Passage ins Feld führt: »... mit jenen Hegungen des Krieges war der europäischen Menschheit etwas *Seltenes* gelungen: der Verzicht auf die Kriminalisierung des Kriegsgegners, also die Relativierung der Feindschaft, die Verneinung der absoluten Feindschaft. Es ist wirklich etwas *Seltenes,* ja *unwahrscheinlich* Humanes, Menschen dahin zu bringen, daß sie auf eine Diskriminierung und Diffamierung ihrer Feinde verzichten. Eben das scheint nun durch den Partisanen wieder in Frage gestellt. Zu seinen Kriterien gehört ja die *äußerste Intensität des politischen Engagements.* Wenn Guevara sagt: ›Der Partisan ist der Jesuit des Krieges‹, so denkt er an die Unbedingtheit des politischen Einsatzes« (p. 92, meine Hervorhebung). Vergleiche die Aussagen von p. 93 mit p. 21, 88, 91, 94; ferner p. 93/94 mit *B. d. P.,* 67. Zur Wendung *über das Politische hinausgehend* cf. außerdem *B. d. P.,* 55, 65, 66/67, 77/78.

tätsgrad.[28] Ebensowenig kann davon die Rede sein, daß die Unterscheidung von Freund und Feind, die er im Auge hat, ein »einfaches Kriterium des Politischen« darstellt oder an die Hand gibt.[29] Wie viele Konflikte eskalieren zu kriegerischen Auseinandersetzungen und haben somit unstreitig »auf die reale Möglichkeit physischer Tötung Bezug«, ohne daß die Beteiligten auch nur in die Nähe der Erkenntnis oder der Entscheidung darüber kommen, ob bzw. daß »das Anderssein des Fremden« »die Negation der eigenen Art Existenz bedeutet«? Ganz offenbar hat für die Politik gleichermaßen Gültigkeit, was Schmitt mit Rücksicht auf den Krieg feststellt: sie kann, je nach dem Grade der Feindschaft, mehr oder weniger Politik sein (III, 16). Wenn auch die Politik *mehr* oder *weniger* politisch zu sein vermag, wenn sie wie »alles« der Gradualisierung des Politischen unterliegt, dann erhebt sich die Frage, welche Art Politik Schmitt als politisch »im eminenten Sinne« gelten läßt, an welcher Feindschaft sich seine Aussagen über das »Wesen« des politischen Feindes orientieren, welchen Intensitätsgrad er als den äußersten Punkt des Politischen betrachtet. Die Antwort gibt Schmitt in einem neuen Abschnitt der Fassung von 1932, der von den »Höhepunkten der großen Politik« handelt, in einem Abschnitt, in dem die tiefste Intention der Schrift am sinnfälligsten zum Ausdruck kommt. »Die Höhepunkte der großen Politik«, heißt es dort, »sind zugleich die Augenblicke, in denen der Feind in konkreter Deutlichkeit als Feind erblickt wird« (67). Es sind die Augenblicke, in denen der Feind *erblickt*, in denen er als Negation des eigenen Wesens, der eigenen Bestimmung *erkannt*, in denen, untrennbar hiermit verbunden, *die eigene Identität festgestellt wird und sichtbare Gestalt gewinnt.* Wenn Schmitt im unmittelbaren Anschluß daran ein hi-

---

28 38 – 1933 hat Schmitt das Wort *nur* gestrichen (III, 21).
29 Auch diese Aussage (26) findet sich in der dritten Fassung nicht mehr wieder. (1927 hatte Schmitt weder vom *einfachen Kriterium des Politischen* noch vom *Kriterium des Politischen* oder von dessen *eigenen Kriterien* gesprochen. 1932 kommen die genannten Ausdrücke insgesamt sechsmal vor, p. 23, 26, 27, 35.)

storisches Beispiel anführt, um zu erläutern, was präzise ihm als Höhepunkt *großer Politik* erscheint – ein Ausdruck, den er nirgendwo sonst im *Begriff des Politischen* verwendet[30] –, zitiert er weder Machiavelli, noch beruft er sich etwa auf einen Kenner des ius publicum Europaeum: »Für die Neuzeit sehe ich den mächtigsten Ausbruch einer solchen Feindschaft … in Cromwells Kampf gegen das papistische Spanien.« Was zeichnet diese Feindschaft vor dem »gewiß nicht zu unterschätzenden *écrasez l'infâme* des 18. Jahrhunderts« aus, was macht sie »stärker sogar als Lenins vernichtende Sätze gegen den Bourgeois und den westlichen Kapitalismus«? Cromwell erklärt den Spanier in einer Rede vom 17. September 1656, deren sich Carl Schmitt als Medium seiner Selbstexplikation bedient, zum great enemy des National Being, er bestimmt ihn als einen natural enemy »by reason of that enmity that is in him against whatsoever is of God. Whatsoever is of God which is in *you*, or which may be in you«. Dann«, fährt Schmitt fort, »wiederholt er: Der Spanier ist euer Feind, seine enmity is put into him by God; er ist ›the natural enemy, the providential enemy‹, wer ihn für einen accidental enemy hält, kennt die Schrift und die Dinge Gottes nicht, der gesagt hat, ich will Feindschaft setzen zwischen Deinem Samen und ihrem Samen (Gen. III, 15).« Im Angesicht des providentiellen Feindes zergehen alle weiteren Distinktionen. Er negiert kraft seines Seins. Die Intensität des Gegensatzes ist keiner Steigerung mehr fähig.

---

30 Über Donoso Cortés sagt Schmitt 1929, er habe »die einzigartige Bedeutung, daß er in einer Zeit relativierender Auflösung der politischen Begriffe und Gegensätze und in einer Atmosphäre ideologischen Betruges den Zentralbegriff jeder großen Politik erkennt und durch alle trügerischen und betrügerischen Verschleierungen hindurch festhält und hinter den tagespolitischen die große geschichtliche und wesentliche Unterscheidung von Freund und Feind zu bestimmen sucht.« *Der unbekannte Donoso Cortés* in: *Donoso Cortés in gesamteuropäischer Interpretation. Vier Aufsätze.* Köln 1950, p. 78. Vergleiche im Lichte der Aussage zum »Bild des letzten Endkampfes zwischen Atheismus und Christentum« (p. 75) und der scheinbar beiläufigen Erwähnung der »echten, immer vorhandenen und notwendigen Eschatologie« (p. 76) Schmitts Urteil über Donoso p. 7, 13, 15, 20, 21, 83, 105, 114. Cf. *Politische Theologie*, p. 46, 51, 52, 54 (65, 73, 75, 79, 80).

III

Schmitt nimmt die Auseinandersetzung mit dem Liberalismus im Namen des Politischen auf, und er führt sie um der Religion willen. Er verteidigt das Unentrinnbare, und er ficht für das Unabweisliche. Er stellt dem »Frei-sich-Entschließenden«, dem alles Wesentliche als »Privatsache« erscheint, eine Macht vor Augen, durch die der Mensch ganz und existentiell erfaßt wird, und er verweist den Sekuritätsbedürftigen, für den der Vers gilt: »Er schließt sich ein und schließt Gott aus«, auf den präsenten Gott, der ihn erprobt.[31] Schmitts Kritik des Liberalismus mündet so in eine Kritik, die Leo Strauss *en pleine connaissance de cause* als Kritik der »Kulturphilosophie« formuliert: Die »eine Crux« der »Kulturphilosophie« macht Strauss in der »Tatsache der Religion«, die andere macht er in der »Tatsache des Politischen« namhaft.[32] Beide, die Religion wie die Tatsache des Politischen, widerstreiten der Parzellierung des menschlichen Lebens in »autonome Kulturprovinzen«, beide stellen die »Kultur« als »souveräne Schöpfung« oder »reine Erzeugung« des menschlichen Geistes in Frage, beide unterwerfen die menschliche Existenz der Herrschaft, dem Gesetz und

31 *Zur Phonetik des Wortes Raum* (1942) in: Tymbos für Wilhelm Ahlmann. Ein Gedenkbuch. Berlin 1951, p. 243; *Donoso Cortés*, p. 114; cf. *Hugo Preuss*, p. 27.

32 Leo Strauss: *Philosophie und Gesetz. Beiträge zum Verständnis Maimunis und seiner Vorläufer*. Berlin 1935, p. 31 und p. 31n. Strauss bezieht sich ausdrücklich auf die *Anmerkungen*. Er fährt fort: »Sind ›Religion‹ und ›Politik‹ *die* die ›Kultur‹ transzendierenden oder, um genauer zu sprechen, die *ursprünglichen* Tatsachen, so ist die radikale Kritik des ›Kultur‹-Begriffs nur in der Form eines ›theologisch-politischen Traktats‹ möglich, der allerdings, wenn er nicht wieder zur Grundlegung der ›Kultur‹ führen soll, die genau entgegengesetzte Tendenz wie die theologisch-politischen Traktate des siebzehnten Jahrhunderts, besonders diejenigen von Hobbes und Spinoza, haben muß. Die erste Bedingung hierfür wäre freilich, daß diese Werke des siebzehnten Jahrhunderts nicht mehr, wie bisher fast immer geschehen ist, im Horizont der Kulturphilosophie verstanden würden.«

dem Gebot einer Autorität. Das zunehmende Unbehagen und Ungenügen Schmitts am modernen Begriff der Kultur, das während der Jahre 1930/31 im Abrücken von der Gebiets-Konzeption des Politischen zum Ausdruck kommt und das sich selbst noch an den sprachlichen Korrekturen ablesen läßt, die Schmitt bei der Wiederveröffentlichung seiner 1929 gehaltenen Rede »Die europäische Kultur in Zwischenstadien der Neutralisierung« im *Begriff des Politischen* vornimmt,[33] dieses Unbehagen und Ungenügen wird von Strauss denkbar grundsätzlich gefaßt und artikuliert. Nicht nur bringt Strauss die »von Schmitt angedeutete Kritik des herrschenden Kulturbegriffs« (A 10), die in der Orientierung an der Eventualität des Krieges als dem Ernstfall für den Menschen schlechthin beschlossen liegt, als dezidierten Angriff auf die Lehre von der »Autonomie« der verschiedenen »Sachgebiete menschlichen Denkens und Handelns« zur Entfaltung. Er geht vielmehr einen entscheidenden Schritt über die »angedeutete Kritik« hinaus und gibt ihr eine radikale Wendung, indem er gegen den herrschenden Kulturbegriff, dem zufolge »nicht erst die einzelnen ›Kulturprovinzen‹ im Verhältnis zueinander, sondern zuvor schon die Kultur als Ganzes ›autonom‹« ist, den Einwand erhebt, durch diese Auffassung werde »in Vergessenheit gebracht, daß ›Kultur‹ immer etwas voraussetzt, das kultiviert wird. Kultur ist immer *Kultur der Natur*.« Mag die Kultur als sorgfältige Pfle-

---

33 Schmitt streicht und ersetzt die Wörter *Kultur* und *kulturell* in dem Aufsatz, dessen ursprünglichen Titel er im »Nachwort« unerwähnt läßt (96), nicht weniger als einunddreißigmal bei zunächst vierundfünfzig Erwähnungen. Zehnmal streicht er sie ersatzlos, fünfzehnmal ersetzt er sie durch *geistig*, einmal durch *Geist*, dreimal durch *politisch* und zweimal durch *Politik*. Zwei Stellen seien als Beispiele genannt: »Alle Begriffe der (kulturellen) geistigen Sphäre, einschließlich des Begriffes (Kultur) Geist, sind in sich pluralistisch und nur aus der konkreten (kulturellen) politischen Existenz heraus zu verstehen« (84). »Die Technik ist nicht mehr neutraler Boden im Sinne jenes Neutralisierungsprozesses, und jede starke (Kultur) Politik wird sich ihrer bedienen. Es kann daher nur ein Provisorium sein, das gegenwärtige Jahrhundert in einem (kulturellen) geistigen Sinn als das technische Jahrhundert aufzufassen. Der endgültige Sinn ergibt sich erst, wenn sich zeigt, welche Art von (Kultur) Politik stark genug ist, sich der neuen Technik zu bemächtigen ...« (94).

ge der Natur – »einerlei ob des Erdbodens oder des menschlichen Geistes« –, mag sie als harter und listiger Kampf wider die Natur verstanden werden, »in jedem Fall ist ›Kultur‹ Kultur der Natur. ›Kultur‹ ist so sehr Kultur der Natur, daß sie nur dann als souveräne Schöpfung des Geistes verstanden werden kann, wenn die Natur, die kultiviert wird, als *Gegensatz* des Geistes vorausgesetzt und *vergessen* worden ist« (A 10).

Die zweifache Crux der »Kulturphilosophie« veranlaßt Strauss nicht, auf die Antwort einer Autorität zu bauen, einer solchen Antwort den Weg zu bereiten oder selbst nach ihr Ausschau zu halten. Statt dessen stellt Strauss die Frage nach der Natur. Er fragt nach der aller Kultur voraus- und zugrundeliegenden menschlichen Natur. Er wirft die Frage des *status naturalis* auf. Im Zuge seines Zurückfragens nach dem verdeckten, ausgeblendeten, vergessenen Fundament der Kultur läßt Strauss Schmitt den Hobbesschen Begriff des Naturzustandes wieder zu Ehren bringen: Kennzeichnet Hobbes den *status naturalis* als den *status belli* schlechthin, so bedeutet dies nach Strauss in Schmitts Terminologie übertragen, daß der *status naturalis* »der eigentlich *politische* Stand« ist (A 11). Wie für Hobbes »the nature of war consisteth *not in actual fighting*; but in the known *disposition* thereto« (*Leviathan*, XIII), so liegt für Schmitt das Politische »*nicht im Kampf selbst*«, »sondern in einem von dieser realen *Möglichkeit* bestimmten Verhalten« [37]. Das von Schmitt als fundamental zur Geltung gebrachte Politische ist in Strauss' Auslegung nicht mehr und nicht weniger als der von der »Kulturphilosophie« in Vergessenheit gebrachte »Naturzustand«. »Damit beantwortet sich auch die Frage nach dem Genus, innerhalb dessen die spezifische Differenz des Politischen zu bestimmen ist: das Politische ist ein *status* des Menschen; und zwar ist es *der* status als der ›natürliche‹, als der fundamentale und extreme status des Menschen« (A 11).

Strauss verkennt keineswegs, daß der »Naturzustand« von Schmitt »grundsätzlich anders« bestimmt wird als von Hobbes, daß er für Hobbes der »Stand des Krieges von Individuen«, für Schmitt hingegen der »Stand des Krieges von Gruppen (insbesondere von Völkern)« ist.[34] Nachdem Strauss bis auf die vermeintlich gemeinsame Basis zurückgegangen ist, auf der Schmitt und Hobbes einander begegnen, hebt er von hier aus ganz im Gegenteil die politische Opposition ans Licht, in der beide zueinander stehen. Hobbes konzipiert den *status naturalis* als immer schon notwendig auf seine Überwindung verwiesenen, negativ auf den *status civilis* bezogenen Zustand. Mit der polemischen Bestimmung des *bellum omnium contra omnes* ist die Preisgabe des »Naturzustandes« von Anbeginn an intendiert. »Dieser Negation des Naturstandes oder des Politischen stellt Schmitt die Position des Politischen entgegen« (A 12). Der politische Gegensatz der Hobbesschen Negation und der Schmittschen Position des Politischen, den Strauss in der Stellung beider Theoretiker zum »Naturzustand« aufsucht, wird zunächst dadurch verdeckt, daß Hobbes' Lehre zufolge der Naturzustand »zum mindesten« zwischen den Nationen fortbesteht und somit von einer »totalen Negation« des Politischen bei Hobbes keine Rede sein kann. Es hat daher den Anschein, daß Schmitt sich »Hobbes' Polemik gegen den Naturstand als den Stand des Krieges von *Individuen*« zu eigen zu machen vermag, ohne deswegen das Politische im Sinne des *Begriffs des Politischen* in Frage stellen zu müssen, jedenfalls solange man darunter »den ›natürlichen‹ Charakter der Beziehungen menschlicher *Verbände*« versteht. Die Differenz wird indes in voller Schärfe sichtbar, sobald das Politische als das Maßgebende, als der Ernstfall für den Einzelnen, als die existentielle Inanspruchnahme durch eine autoritative Gewalt in den Blick kommt. Kann die politische Einheit nach Schmitt von ihren Gliedern Todesbereitschaft fordern (46), so gilt nach Hobbes, daß der Staat, dessen Zweck und Grenzen durch einen naturrechtlichen, dem Staat vorangehenden *Anspruch der Individuen* bestimmt werden, berechtigterweise nur einen *bedingten*

---

34 »Für Hobbes ist im Naturstand jeder jedes anderen Feind – für Schmitt ist alles politische Verhalten ausgerichtet auf *Freund* und Feind« (A 12).

Gehorsam vom Einzelnen zu verlangen vermag, »nämlich einen Gehorsam, der mit der Rettung oder Erhaltung des Lebens
dieses einzelnen nicht im Widerspruch steht; denn die Sicherung des Lebens ist der letzte Grund des Staates. Daher ist der
Mensch zwar im übrigen zu unbedingtem Gehorsam verpflichtet, aber nicht zum Einsatz seines Lebens; ist doch der Tod das
größte Übel« (A 13). Strauss beschränkt sich nicht darauf, den
Gegensatz von Hobbes und Schmitt an der Probe des Ernstfalls
augenfällig zu machen. Er konkretisiert den Gegensatz von Position und Negation des Politischen als den Widerstreit zwischen der »Position des Politischen« und der »Position der Zivilisation«. Er zeigt, daß die individualistischen Prinzipien, die
Hobbes veranlassen, das Politische im Sinne Schmitts zu negie-
ren, ebendieselben Prinzipien sind, die, historisch entwickelt,
am Ende jenem Projekt der restlos entpolitisierten und neutra-
lisierten »Einheit der Welt« zugrunde liegen, gegen das
Schmitt die »Unentrinnbarkeit des Politischen« zu verteidigen
sucht: Die Prinzipien, die in Hobbes' Bestimmung der *salus populi* zum Ausdruck kommen,[35] »müssen, sobald die ›Menschheit‹ Subjekt oder Objekt des Planens wird, zum Ideal der Zivilisation führen, d. h. zur Forderung des vernunftgemäßen Zusammenlebens der Menschheit als *einer* ›Konsum- und Produktivgenossenschaft‹ [58]. Hobbes ist in viel höherem Grad
als etwa Bacon der Urheber des Ideals der Zivilisation. Er ist
eben damit der Begründer des Liberalismus.« Vom ausgebildeten Liberalismus unterscheidet sich Hobbes »nur dadurch und
allerdings dadurch, daß er weiß und sieht, *wogegen* das liberale, zivilisatorische Ideal durchzukämpfen ist: nicht bloß gegen

35 »Hobbes schreckt nicht vor der Konsequenz zurück, den Tugendcharakter
der Tapferkeit ausdrücklich zu leugnen. (De homine XIII 9). Dieselbe Gesinnung verrät sich in seiner Bestimmung der salus populi: die salus populi besteht 1. in der Verteidigung gegen den äußeren Feind; 2. in der Erhaltung
des Friedens im Innern; 3. in der gerechten und bescheidenen Bereicherung
der einzelnen, die viel eher durch Arbeit und Sparsamkeit als durch siegreiche Kriege erreicht, die insbesondere durch die Pflege der Mechanik und der
Mathematik gefördert wird; 4. im Genuß unschädlicher Freiheit (De cive XIII
6 und 14)« (A 13).

verderbte Einrichtungen, gegen den bösen Willen einer herrschenden Schicht, sondern gegen die natürliche Bosheit des
Menschen; er setzt in einer illiberalen Welt wider die – sit venia
verbo – illiberale Natur des Menschen die Grundlegung des
Liberalismus durch« (A 13).

Läßt Leo Strauss Carl Schmitt wider die »Kulturphilosophie« als das »schließliche Selbstbewußtsein des Liberalismus«, der »geborgen und befangen in einer Welt der Kultur«
die menschliche Natur in ihrer Gefährlichkeit und Gefährdetheit vergißt, den Hobbesschen Begriff des »Naturzustandes«
zu neuen Ehren bringen, so läßt er ihn in eins damit auf Hobbes als den Urheber des Liberalismus zurückgehen, »um in
Hobbes' ausdrücklicher Negation des Naturstandes die Wurzel
des Liberalismus zu treffen« (A 14). Strauss' radikale Interpretation dessen, was Schmitt mehr anstrebt als unternimmt,
beinhaltet die unausgesprochene Kritik, daß der Protagonist
des Politischen sich weder über die Position des Feindes noch
über die Voraussetzungen und Erfordernisse seines eigenen
Vorhabens in vollem Umfang Klarheit verschafft, ja daß er, was
am meisten in Erstaunen setzen mag, seinen wichtigsten theoretischen Antipoden als Antipoden gar nicht erkannt hat. Der
Aussage, Schmitt gehe wider den Liberalismus auf dessen Urheber zurück, um in Hobbes die Wurzel des Liberalismus zu
treffen, fügt Strauss eine Fußnote, die einzige Fußnote des ganzen Aufsatzes, hinzu, in der er darauf aufmerksam macht, daß
Schmitt Hobbes in der ersten Fassung des *Begriffs des Politischen* als »weitaus den größten und vielleicht den einzigen
wahrhaft systematischen politischen Denker« bezeichnet hatte
[I, 25]. Strauss fährt fort: »Nunmehr spricht er von ihm nur
noch als von ›einem großen und wahrhaft systematischen politischen Denker‹ [64]. In Wahrheit ist er *der* antipolitische Denker (›politisch‹ in Schmitts Sinn verstanden).« Wie antwortet
Schmitt auf diese Herausforderung? Er reagiert in der gleichen
Weise, in der er auf Strauss' Kritik an der nicht konsequent voll-
zogenen Abkehr vom »Gebiets«- oder »Bereichs«-Denken der
liberalen »Kulturphilosophie« reagiert – mit Streichungen und

mit Einfügungen, die den *Anmerkungen* von Strauss Rechnung tragen. 1933 hat sich Hobbes von »weitaus dem größten und vielleicht dem einzigen wahrhaft systematischen politischen Denker« über »einen großen und wahrhaft systematischen politischen Denker« zu »einem großen und wahrhaft systematischen Denker« gewandelt, bei dem »*trotz seines extremen Individualismus* die ›pessimistische‹ Auffassung des Menschen *so stark ist, daß sie den politischen Sinn lebendig erhält*«. In analoger Weise verwandelt sich das Hobbessche Gedankensystem, das Schmitt 1927 »*sein spezifisch politisches* Gedankensystem« genannt hatte und das ihm 1932 jedenfalls als »*ein spezifisch politisches* Gedankensystem« erschien, in »ein Gedankensystem, *das noch spezifisch politische Fragen zu stellen und zu beantworten weiß*«.[36] Mit jeder einzelnen der drei inhaltlichen Änderungen, zu denen sich Schmitt in der angeführten Textstelle entschließt, folgt er der Argumentation von Strauss: (1) Hobbes ist kein in Schmitts Sinn *politisch* zu nennender Denker; (2) seine individualistischen Prinzipien, insbesondere die Bestimmung des gewaltsamen Todes als das größte Übel, widerstreiten der Position des Politischen; (3) im Unterschied zum ausgebildeten Liberalismus weiß und sieht Hobbes, daß das liberale Projekt gegen die illiberale Natur des Menschen durchzukämpfen ist. Man wird kaum sagen können, Schmitt *antworte* auf die Argumente von Strauss. Er macht sie, in diesem Falle, ersichtlich zu seinen eigenen.

Doch Schmitt läßt es bei seiner spektakulären Reaktion[37] in Sachen Thomas Hobbes keineswegs bewenden. Als ebenso aufschlußreich und vielleicht noch beachtlicher, da durch keine direkte Kritik erzwungen oder veranlaßt, erweist sich eine zunächst unscheinbare Änderung an ganz anderem Ort, sobald der Leser den Verweisungszusammenhang erkennt, in dem sie

---

36 I, 25; 64/65; III, 46. Meine Hervorhebung.
37 Spektakulär mag Schmitts Reaktion nicht mit Rücksicht auf die Beachtung genannt werden, die sie gefunden hat, wohl aber im Hinblick auf die Evidenz, mit der sie beweist, daß und in welcher Weise Schmitt 1933 auf Strauss' *Anmerkungen* reagiert.

ihre Bedeutung gewinnt, ein Zusammenhang, der durch Strauss' Interpretation allererst hergestellt wird: Um den Gegensatz herauszuarbeiten, in dem Hobbes und Schmitt, recht verstanden, zueinander stehen, verwendet Strauss bei der erläuternden Kennzeichnung des »Ideals der Zivilisation«, zu dem die Hobbesschen Prinzipien schließlich führen, einen Ausdruck, dessen sich Schmitt bedient, um die Vision, seinen Alptraum, einer völlig entpolitisierten Welt zu charakterisieren. Strauss spricht vom »vernunftgemäßen Zusammenleben der Menschheit als *einer* ›Konsum- und Produktivgenossenschaft‹«, und er versäumt nicht hinzuzusetzen, wo genau bei Schmitt von einer solchen »Konsum- und Produktivgenossenschaft« die Rede ist. In der dritten Fassung des *Begriffs des Politischen* schreibt Schmitt an der von Strauss bezeichneten Stelle statt »Konsum- und Produktivgenossenschaft« *Kultur- und Konsumgenossenschaft* (III, 40). Nach allem, was Strauss im Hinblick auf die »von Schmitt angedeutete Kritik des herrschenden Kulturbegriffs« entwickelt und auseinandersetzt, konnte Schmitt seine Zustimmung zur Kritik der »Kulturphilosophie« im allgemeinen wie zur Kritik an deren bedeutendstem Wegbereiter im besonderen schwerlich pointierter und unauffälliger zugleich zum Ausdruck bringen.[38] Schmitts Antwort hat im Dialog mit Strauss um so größeres Gewicht, als Strauss bis in die Einzelheiten seiner Formulierungen hinein keinen Zweifel daran läßt, daß die Existenz, die durch Hobbes' Prinzipien grundgelegt wird, ebenjene *Existenz des Bourgeois* ist, gegen die Schmitt die Wirklichkeit und Notwendigkeit des Politischen zu behaupten sucht. Strauss stellt Schmitt im Men-

---

38 In der Vorbemerkung zur zweiten Ausgabe der *Politischen Theologie* (1934) geht Schmitt vorsichtig, mit seiner Schrift *Über die drei Arten des rechtswissenschaftlichen Denkens.* Hamburg 1934, geht er deutlich auf Distanz zu Hobbes. Eine politisch-theologische Kritik des »Begründers des Liberalismus«, dem Strauss' besondere Aufmerksamkeit in den *Anmerkungen* gilt, holt Schmitt dann in dem Aufsatz *Der Staat als Mechanismus bei Hobbes und Descartes* (Archiv für Rechts- und Sozialphilosophie, 30. Band, 4. Heft, 1937, p. 622–632) und in *Der Leviathan in der Staatslehre des Thomas Hobbes* nach.

schen des Hobbesschen Gedankensystems den Bourgeois vor Augen, den Schmitt unter Rückgriff auf Hegels »erste polemisch-politische Definition des Bourgeois« als einen Menschen bestimmt hatte, »der die Sphäre des unpolitisch risikolos-Privaten nicht verlassen will, der im Besitz und in der Gerechtigkeit des privaten Besitzes sich als Einzelner gegen das Ganze verhält, der den Ersatz für seine politische Nullität in den Früchten des Friedens und des Erwerbs und vor allem ›in der vollkommenen *Sicherheit* des Genusses derselben findet‹, der infolgedessen der Tapferkeit überhoben und der Gefahr eines gewaltsamen Todes entnommen bleiben will«.[39]

39 62. Die Hervorhebung des Wortes *Sicherheit* stammt von Schmitt, sie findet sich bei Hegel nicht (*Wissenschaftliche Behandlungsarten des Naturrechts*, 1802, Ed. Lasson, p. 383). Vergleiche die Aussagen von Strauss zu Hobbes und dem »Ideal der Zivilisation« im Text und in FN 35 mit dieser Bestimmung des Bourgeois. Siehe außerdem Leo Strauss: *Hobbes' politische Wissenschaft*, p. 120f. – Zu Schmitts Kritik des Bourgeois cf. *B. d. P.* 35/ 36, 52, 58, 64, 65, 67/68, 70, 93, 95; *Politische Theologie*, p. 52, 54 (75/76, 78/ 79); *Römischer Katholizismus und politische Form*, p. 25, 42/43, 58–60 (17, 28, 38/39); *Politische Romantik*. Zweite Auflage. München und Leipzig 1925 (mit einem wichtigen, »September 1924« datierten neuen Vorwort, p. 3–28), p. 19, 20, 21, 26, 133, 141; *Die geistesgeschichtliche Lage des heutigen Parlamentarismus*. Zweite Auflage. München und Leipzig 1926, p. 46, 58, 81, 86/87; *Verfassungslehre*. München und Leipzig 1928, p. 253, 256; *Wesen und Werden des faschistischen Staates, P.u.B.*, p. 110/111, 113, 114; *Staatsgefüge und Zusammenbruch des zweiten Reiches. Der Sieg des Bürgers über den Soldaten*. Hamburg 1934, p. 36; *Donoso Cortés*, p. 84.

IV

Schmitts Bejahung des Politischen ist in Strauss' Auslegung die Bejahung des »Naturzustandes«. Die Bejahung des »Naturzustandes« als des status belli schlechthin ist jedoch nicht bellizistisch gemeint, sie bedeutet nicht die Bejahung des Krieges. Worum es Schmitt geht, ist vielmehr der »Verzicht auf die Sekurität des status quo« [93]. Auf die Sekurität soll verzichtet werden, »nicht weil der Krieg etwas ›Ideales‹ wäre«, sondern weil »aus dem ›Komfort und Behagen des bestehenden status quo‹ zum ›kulturellen oder sozialen Nichts‹, zum ›geheimen, unscheinbaren Anfang‹, ›zur unversehrten, nicht korrupten Natur‹ [93] zurückgegangen werden muß, damit ›aus der Kraft eines integren Wissens … die Ordnung der menschlichen Dinge‹ wieder erstehen kann [95]« (A 29). Die von Strauss umrissene Bewegung des Zurückgehens auf die unverstellte Natur ist für Schmitt wesentlich eine Bewegung des Abrückens, der Entgegensetzung, der Negation. Schmitts Bejahung des Politischen gewinnt ihre konkrete Gestalt aus der Absage an die Existenz des Bourgeois. Sie hat ihren polemischen Sinn in der Verneinung des »Ideals der Zivilisation«, das diese Existenz zum universellen Schicksal alles dessen erheben muß oder will, was Menschenantlitz trägt, indem es eine Gesellschaft ohne Politik und ohne Staat heraufzuführen beansprucht.

Das Ideal eines endgültig pazifizierten und entpolitisierten Erdballes wird von Schmitt Strauss' Ansicht zufolge »zuletzt keineswegs als utopisch verworfen – sagt er doch, er wisse nicht, ob seine Verwirklichung nicht möglich sei –, sondern verabscheut. Daß Schmitt diese seine Gesinnung nicht moralisierend herauskehrt, sondern zu verbergen trachtet, macht seine Polemik nur noch wirkungsvoller. Hören wir ihn selbst! ›… hört … die Unterscheidung von Freund und Feind auch der bloßen Eventualität nach auf, so gibt es nur noch politikreine Weltanschauung, Kultur, Zivilisation, Wirtschaft, Moral, Recht, Kunst, *Unterhaltung* usw., aber weder Politik noch Staat‹ [54]. Wir haben das Wort ›Unterhaltung‹ hervorgehoben, weil Schmitt alles dazu tut, um die Unterhaltung in einer Reihe ernster Beschäftigungen des Menschen *beinahe* verschwinden zu lassen; vor allem täuscht das unmittelbar auf ›Unterhaltung‹ folgende ›usw.‹ darüber hinweg, daß ›Unterhaltung‹ wirklich das letzte Glied der Reihe, ihr finis ultimus ist. Schmitt gibt so zu verstehen: ... die einzige *Garantie* dagegen, daß die Welt nicht eine Welt der Unterhaltung wird, sind Politik und Staat; daher läuft das, was die Gegner des Politischen wollen, zuletzt hinaus auf die Herstellung einer Welt der Unterhaltung, einer Welt des Amüsements, einer Welt ohne *Ernst*« (A 27). In einer »Welt ohne die Unterscheidung von Freund und Feind und infolgedessen einer Welt ohne Politik« könnte es nach Schmitt »mancherlei vielleicht sehr interessante Gegensätze und Kontraste geben, Konkurrenzen und Intrigen aller Art, aber sinnvollerweise keinen Gegensatz, auf Grund dessen von Menschen das Opfer ihres Lebens verlangt werden könnte« (35/36). Auch diese polemische Beschreibung des apolitischen Gegenentwurfs, deren zentrale Aussage nur tautologisch wiederholt, was in Schmitts Begriff des Politischen selbst ausgesagt ist, erreicht ihr Ziel und entfaltet ihre Bedeutung gerade durch das, was Schmitt indirekt ausspricht: In einer Welt ohne Politik gibt es nichts, in einer politischen Welt mag es sehr wohl etwas geben, wofür *sinnvollerweise* das Opfer des Lebens verlangt werden kann. »Auch hier ist das, was Schmitt dem Idealzustand der Pazifisten konzediert, was ihm an ihm *auffällt*, seine Interessantheit, seine Unterhaltsamkeit; auch hier bemüht er sich, die in dieser Feststellung enthaltene Kritik zu verdecken: ›*vielleicht* sehr interessant‹. Natürlich will er damit nicht in Zweifel ziehen, daß die Welt ohne Politik interessant ist: von nichts ist er mehr überzeugt als davon, daß sie *sehr* interessant ist (›Konkurrenzen und Intrigen aller Art‹); das ›vielleicht‹ stellt nur in Frage und allerdings in Frage, ob diese Interessantheit das Interesse eines Menschen, der diesen Namen verdient, beanspruchen könne; es verbirgt und verrät den *Ekel* vor dieser Interessantheit, die nur möglich ist, wenn der Mensch vergessen hat, worauf es eigentlich ankommt« (A27).

Leo Strauss weiß sich mit Carl Schmitt einig in der Ablehnung eines Weltstaates, in der Absage an die illusionäre Sicherheit eines status quo des Komforts und des Behagens, in der Geringschätzung einer Welt bloßer Unterhaltung und Interessantheit. Er steht Schmitt um nichts darin nach, einem Ideal entgegenzutreten, das, sollte es jemals verwirklicht werden, die Menschheit auf eine Kultur- und Konsumgenossenschaft zu reduzieren drohte. Er teilt Schmitts Kritik am »Prozeß der Neutralisierung und Entpolitisierung«, in dem das moderne Europa auf der Suche nach »einem absolut und endgültig neutralen Boden« [89] schließlich, um dem Streit über den rechten Glauben zu entgehen, beim Glauben an die Technik angelangt ist. Er pflichtet Schmitts Einspruch gegen das Streben nach Verständigung und Frieden um jeden Preis bei, das dem im *Zeitalter der Neutralisierungen und Entpolitisierungen* diagnostizierten Prozeß eines fortgesetzten Streites auf der Flucht vor dem Streit zugrunde liegt, oder genauer gesagt, er formuliert diesen Einspruch selbst in einer Klarheit und Schärfe, die den Nerv seiner Auseinandersetzung mit Schmitt freilegt: »Die Verständigung um jeden Preis ist nur möglich als Verständigung auf Kosten des Sinns des menschlichen Lebens; denn sie ist nur möglich, wenn der Mensch darauf verzichtet, die Frage nach dem Richtigen zu stellen; und verzichtet der Mensch auf diese Frage, so verzichtet er darauf, ein Mensch zu sein. Stellt er aber die Frage nach dem Richtigen im Ernst, so entbrennt angesichts ›der unentwirrbaren Problematik‹ [90] dieser Frage der Streit, der Streit auf Leben und Tod: im Ernst der Frage nach dem Richtigen hat das Politische – die Freund-Feind-Gruppierung der Menschheit – seinen Rechtsgrund« (A28). Die größte Nähe wie die tiefste Differenz zu Schmitt, beides liegt in dieser Kritik beschlossen, denn Strauss stützt die Einrede gegen die Neutralisierung und Entpolitisierung nicht auf die Antwort der Politischen Theologie, sondern er gründet sie auf die Frage der Politischen Philosophie, er erhebt sie im Namen und um willen der Frage nach dem Richtigen, nach dem rechten Leben, nach dem Einen, was not tut. Damit aber stellt Strauss die Kritik an der Ausklammerung des Wichtigsten, die ihn mit Schmitt verbindet, auf einen Boden, der ganz und gar nicht der Boden Schmitts ist. Wenn Strauss den Ernst der *Frage* nach dem Richtigen als den *Rechtsgrund* des Politischen bestimmt, so heißt dies zum einen, daß die Frage nach dem Richtigen *gestellt werden muß*, und es besagt zum anderen, daß sie grundsätzlich, in der *fundamentalsten* Hinsicht, mit den Mitteln der menschlichen Vernunft beantwortet zu werden vermag. Schmitt hingegen glaubt, daß das Eine, was not tut, nur geglaubt werden kann, weil es der Glaube *ist*, daß es sich bei der Frage, auf die am Ende alles ankommt, nicht um eine Frage *des Menschen* handelt, sondern um die Frage *an den Menschen*, ob er Gott oder ob er dem Satan gehorche, und daß das Politische in der Unabweisbarkeit dieser Frage seine letzte Begründung findet. Schmitt weiß, weshalb er die »Stufenfolge« der Neutralisierungen und Entpolitisierungen mit dem »Schritt« beginnen läßt, »den das 17. Jahrhundert von der überlieferten christlichen Theologie zum System einer ›natürlichen‹ Wissenschaftlichkeit getan hat« (88), und es liegt eine größere Folgerichtigkeit darin, als der unmittelbare Kontext seiner historischen Konstruktion nahelegen mag, wenn Schmitt aus der Sicht seiner Politischen Theologie in ebenjenem Schritt, der für ihn die Abkehr vom Glauben an die partikulare Providenz bezeichnet, »die stärkste und folgenreichste aller geistigen Wendungen der europäischen Geschichte« erblickt.[40] *Inter auctoritatem et philosophiam nihil est medium.*

---

40 »Für die stärkste aller kulturellen Wendungen der europäischen Geschichte halte ich den Schritt ...« (Wortlaut der Erstfassung von 1929, p. 524.) – Zu den »Folgen«: »Die in vielen Jahrhunderten theologischen Denkens herausgearbeiteten Begriffe werden jetzt uninteressant und Privatsache. Gott selbst wird in der Metaphysik des Deismus im 18. Jahrhundert aus der Welt herausgesetzt und gegenüber den Kämpfen und Gegensätzen des wirklichen Lebens zu einer neutralen Instanz; er wird, wie Hamann gegen Kant gesagt hat, ein Begriff und hört auf, ein Wesen zu sein« (89). Zur Abkehr vom Glau-

Die Kluft zwischen Politischer Theologie und Politischer Philosophie ist unaufhebbar,[41] sie trennt Carl Schmitt und Leo Strauss auch dort, wo beide in ihren politischen Positionen übereinzustimmen scheinen oder in der politischen Kritik eines gemeinsamen Gegners in der Tat übereinstimmen. Bei aller Zustimmung und Bestätigung kommt sie, diskret zwar, doch deutlich genug, bereits in der direkten Antwort zum Ausdruck, die Schmitt auf die Auslegung seiner Polemik gegen die Utopie eines definitiv pazifizierten Erdballes gibt. Schmitts Einverständnis läßt sich daran ablesen, daß er in dem von Grund auf überarbeiteten Text die Formulierungen, die Strauss hervorgehoben und auf die er seine detaillierte Interpretation gestützt hatte, unverändert beibehält. Auch 1933 ist von den »vielleicht sehr interessanten Gegensätzen und Kontrasten«, den »Konkurrenzen und Intrigen aller Art« die Rede, die es in

ben an die partikulare Providenz außerdem: *Politische Theologie*, p. 37, 44 (49, 62), und *Politische Romantik*, p. 137. Cf. *Der Leviathan in der Staatslehre des Thomas Hobbes*, p. 64–70, 79, 82/83, 85/86; beachte p. 87. Gerade weil Schmitt in seinem Buch über den Leviathan Hobbes eine Schlüsselrolle beim »entscheidenden ersten Schritt« auf dem Weg zu der »in der Technisierung gipfelnden Neutralisierung jeder Wahrheit« zuerkennt – der im wörtlichen Sinne zentrale Satz des Buches lautet: »Aber der Gedanke des Staates als eines technisch vollendeten, von Menschen geschaffenen *magnum artificium* als einer ihr ›Recht‹ und ihre ›Wahrheit‹ nur in sich selbst, nämlich in der Leistung und in der Funktion findenden Maschine, wurde zuerst von Hobbes erfaßt und als klarer Begriff systematisch gestaltet« (p. 70) –, gerade deshalb ist ihm von größter Wichtigkeit, daß Hobbes »beim christlichen Glauben blieb«, daß für Hobbes »Jesus der Christ« war und daß er aus »echter Frömmigkeit« auf die Herausforderung seiner konkreten Lage eine Antwort zu geben versuchte (p. 126; cf. p. 20/21 und 71/72; *Die vollendete Reformation. Bemerkungen und Hinweise zu neuen Leviathan-Interpretationen* in: Der Staat, 1. Heft 1965, p. 62/63 und p. 58n.).
41 Cf. Leo Strauss: *What Is Political Philosophy?* Glencoe, Illinois 1959, p. 13; *The City and Man*. Chicago 1964, p. 241; *Die Religionskritik Spinozas als Grundlage seiner Bibelwissenschaft. Untersuchungen zu Spinozas Theologisch-politischem Traktat*. Berlin 1930, p. 183, 222; *Jerusalem and Athens. Some Preliminary Reflections* (1967) in: *Studies in Platonic Political Philosophy*. Chicago 1983, p. 149–151, 155, 157, 162, 166, 170, 171/172; *The Mutual Influence of Theology and Philosophy* (1954) in: The Independent Journal of Philosophy, Vol. III, 1979, p. 112, 113, 114; *On Tyranny*. Revised and Enlarged. New York 1963, p. 109, 210; *The Argument and the Action of Plato's Laws*. Chicago 1975, p. 29, 59.

einer Welt ohne Politik »geben könnte« (III, 18); die einem solchen Zustand verbleibende »Reihe ernster Beschäftigungen«, in welcher Schmitt die Unterhaltung *beinahe* zum Verschwinden bringt, indem er durch ein »usw.« darüber hinwegtäuscht, daß die Unterhaltung »wirklich das letzte Glied der Reihe, ihr finis ultimus ist«, findet sich gleichfalls Wort für Wort wieder. Schmitt verharrt indes nicht im Einverständnis des Stillschweigens. Er erweitert die Kernaussage, auf die Strauss die Aufmerksamkeit des Lesers gelenkt hatte, durch einen vielsagenden Zusatz: »... würde ... die Unterscheidung von Freund und Feind auch der bloßen Eventualität nach *ganz* aufhören«, heißt es in der dritten Fassung, »*so hätten die Menschen die volle Sicherheit ihres diesseitigen Lebensgenusses erreicht. Der alte Satz, daß man in diesem Leben keine volle Sicherheit erwarten soll – plena securitas in hac vita non expectanda – wäre überholt. Es gäbe infolgedessen auch* weder Politik noch Staat, sondern nur noch politikreine Weltanschauung, Kultur, Zivilisation, Wirtschaft, Moral, Recht, Kunst, Unterhaltung usw.«[42]

42 III, 36. Meine Hervorhebung. Schmitt schreibt in einem der »Hinweise« von 1963 zum Text von 1932: »In seiner Besprechung von 1932 ... S. 745 legt Leo Strauß den Finger auf das Wort *Unterhaltung*. Mit Recht. Das Wort ist hier ganz unzulänglich und entspricht dem damaligen unfertigen Stand der Reflexion. Heute würde ich *Spiel* sagen, um den Gegenbegriff zu *Ernst* (den Leo Strauß richtig erkannt hat) mit mehr Prägnanz zum Ausdruck zu bringen ... In allen diesen Darlegungen wäre *Spiel* mit *play* zu übersetzen und ließe noch eine, wenn auch konventionelle Art von Feindschaft zwischen den ›Gegenspielern‹ offen. Anders die mathematische Theorie des ›Spiels‹ ... In meinem Verlegenheitswort ›Unterhaltung‹ sind aber auch Bezugnahmen auf Sport, Freizeitgestaltung und die neuen Phänomene einer ›Überflußgesellschaft‹ verborgen, die mir in dem damals noch herrschenden Klima der deutschen Arbeitsphilosophie nicht deutlich genug zum Bewußtsein gekommen sind« (120/121). Man wird daran zweifeln dürfen, daß dieser »Hinweis« das Niveau der Reflexion von 1932 angemessen wiedergibt, geschweige denn, daß er es selbst erreicht. Wenn das *Spiel* eine *konventionelle Art von Feindschaft offen* lassen soll, wird die Aussage im Text (54), auf die sich Schmitt bezieht, unsinnig, weil Schmitt dort den Zustand charakterisieren will, in dem die »Unterscheidung von Freund und Feind auch der bloßen Eventualität nach aufhört«. *Hätte* das Wort *Spiel* also den »Vorzug« vor *Unterhaltung*, eine konventionelle Feindschaft, die *per definitionem* auf die »reale Möglichkeit der physischen Tötung Bezug haben und behalten muß« (33; cf. *Theorie des*

Mit seiner Einfügung bekräftigt Schmitt die Interpretation von Strauss nachdrücklich. Er bezieht sie in gewisser Weise in die eigene Darstellung mit ein. Er bedient sich ihrer, um die Stoßrichtung seiner Kritik zu verdeutlichen, wenn er gerade an dieser Stelle den Bogen zu der andernorts (III, 43/44) zitierten Hegelschen Bestimmung des Bourgeois schlägt: Eine Welt ohne Politik wäre, wie Strauss zu Recht betont, eine Welt der Unterhaltung, des Amüsements, eine Welt ohne Ernst.[43] Es wäre eine Welt, die mit einem polemisch-politisch definierten, historisch-konkreten Namen benannt werden kann. Es wäre die ins Universale gesteigerte, die bis zur Ausschließlichkeit erweiterte Welt des Bourgeois, der in der vollkommenen Sicherheit des Genusses der Früchte des Friedens und des Erwerbs sein Genüge findet. Abscheu und Ekel vor einer solchen Welt, in der für eine »anspruchsvolle moralische Entscheidung«[44] kein Raum mehr bliebe, veranlassen Schmitt zur Verteidigung des Politischen. Sie stehen im Hintergrund seiner Bejahung des »Naturzustandes«, mit der auf die »Sekurität des status quo« Verzicht geleistet werden soll, in welcher die Existenz des Bour-

---

Partisanen, p. 17, 56, 76, 90, 92) nicht auszuschließen, dann wäre *Spiel* exakt aus diesem Grund kein geeigneter »Ersatz« für *Unterhaltung*. Was aber »die Bezugnahmen auf Sport, Freizeitgestaltung und die neuen Phänomene einer ›Überflußgesellschaft‹« angeht, so machen gerade sie *Unterhaltung* zum treffenden Wort, um das zum Ausdruck zu bringen, was Schmitt 1932 zum Ausdruck bringen *wollte* und was er, *nachdem* Strauss den Finger auf die alles andere als »unzulängliche« Formulierung gelegt hatte, 1933 über jeden Zweifel klar ausgedrückt hat.

43 »En fait, la fin du Temps humain ou de l'Histoire, c'est-à-dire l'anéantissement définitif de l'Homme proprement dit ou de l'Individu libre et historique, signifie tout simplement la cessation de l'Action au sens fort du terme. Ce qui veut dire pratiquement: − la disparition des guerres et des révolutions sanglantes. Et encore la disparition de la *Philosophie*; car l'Homme ne changeant plus essentiellement lui-même, il n'y a plus de raison de changer les principes (vrais) qui sont à la base de sa connaissance du Monde et de soi. Mais tout le reste peut se maintenir indéfiniment; l'art, l'amour, le jeu, etc., etc.; bref, tout ce qui rend l'Homme *heureux*.« Alexandre Kojève: *Introduction à la lecture de Hegel*. Paris 1947, p. 435n. Cf. dazu *Note de la Seconde Edition*, p. 436−437.

44 *Politische Theologie*, p. 56 (83). Cf. *Politische Romantik*, p. 21, 25, 96/ 97, 222; *Die geistesgeschichtliche Lage*, p. 68/69, 77, 80, 81, 83.

geois aufgeht. So bestätigt sich das Resümee von Strauss: Schmitt »bejaht das Politische, weil er in seiner Bedrohtheit den Ernst des menschlichen Lebens bedroht sieht. Die Bejahung des Politischen ist zuletzt nichts anderes als die Bejahung des Moralischen« (A 27). Nun spricht Schmitt in seiner Antwort an Strauss jedoch ausdrücklich von der Sicherheit des *diesseitigen* Lebensgenusses und davon, daß man in *diesem* Leben keine volle Sicherheit erwarten soll. Er trägt außerdem Sorge, den »alten Satz«, der solches lehrt, in Latein zu wiederholen. Des weiteren transponiert er die gesamte Aussage vom Indikativ in den Konjunktiv. Und schließlich verändert er die Aussage selbst, ihre Struktur, das Ineinandergreifen des Arguments: *hört die Unterscheidung von Freund und Feind auf, so gibt es weder Politik noch Staat* wird ersetzt durch: *würde* die Unterscheidung von Freund und Feind *ganz aufhören, so hätten die Menschen die volle Sicherheit ihres diesseitigen Lebensgenusses erreicht*; die Augustinische Maxime plena securitas in hac vita non expectanda *wäre überholt; infolgedessen* gäbe es *auch* weder Politik noch Staat. Mit allem, mit seiner Wortwahl, mit seinem Hinweis auf Augustin, mit der Änderung des Modus, mit dem Umbau des Arguments, deutet Schmitt an, worauf er baut, wenn er das Politische bejaht, wessen er sich gewiß ist, wenn er die Sicherheit des Sekuritätsbedürftigen verneint. Die Unterscheidung von Freund und Feind könnte nur dann »auch der bloßen Eventualität nach ganz aufhören«, wenn Genesis III, 15 keine Gültigkeit hätte, wenn es keinen providentiellen Feind gäbe, wenn die Menschen in einem paradiesischen Diesseits lebten, ohne vor die Entscheidung zwischen Gut und Böse gestellt zu sein und »Antwort tun« zu müssen. Die Bejahung des Politischen ist für Schmitt zuletzt nichts anderes als die Bejahung des Moralischen. Die Bejahung des Moralischen aber sieht Schmitt selbst im Theologischen begründet.[45] Sie ist für ihn Teil seiner Politischen Theologie.

---

45 Cf. Leo Strauss: *Persecution and the Art of Writing*. Glencoe, Illinois 1952, p. 140.

Wenn Leo Strauss einer Welt bloßer Unterhaltung und Interessantheit mit Geringschätzung begegnet, so deshalb, weil die Menschen in ihr notwendig weit unter den Möglichkeiten ihrer Natur bleiben und weder ihre vornehmsten noch ihre vorzüglichsten Fähigkeiten zu verwirklichen vermögen. Der illusionären Sicherheit eines status quo des Komforts und des Behagens erteilt er eine Absage, weil ihm ein Leben, das sich nicht der Gefahr des radikalen Fragens und der Anstrengung der Selbsterforschung aussetzt, nicht lebenswert erscheint. Die komfortable und behagliche Innenausstattung erschwert allenfalls die Lösung aus der Höhle und den Aufstieg ins Freie. Den homogenen Weltstaat lehnt er ab, weil er in ihm den Staat von Nietzsches »letztem Menschen« erkennt und weil er mit dem Ende der besonderen politischen Gemeinwesen das Ende der Philosophie auf Erden heraufziehen sieht.[46] Schmitt stellt sich dem »Weltstaat« entgegen, weil er in ihm den widergöttlichen Versuch erblickt, das Paradies auf Erden zu errichten. Das Streben nach der »babylonischen Einheit« ist ihm Ausdruck der Selbstvergottung des Menschen. Die »Religion der Technizität« (93, 94), der »Glaube an eine grenzenlose Macht und Herrschaft des Menschen über die Natur, sogar über die menschliche Physis, an das grenzenlose ›Zurückweichen der Naturschranke‹, an grenzenlose Veränderungs- und Glücksmöglichkeiten des natürlichen diesseitigen Daseins der Menschen« (93) erreichte im »Weltstaat« den Kulminationspunkt. Der Prozeß der Neutralisierung und Entpolitisierung fände seinen Abschluß in einem »Betrieb« globalen Ausmaßes, in dem scheinbar »die Dinge sich selbst verwalten«, tatsächlich aber der *Antichrist* die Herrschaft angetreten hat.[47] Das Grauen, das sich

---

46 Leo Strauss: *De la tyrannie*, p. 295, 310/311, 342–344; *On Tyranny*, p. 211–215, 223, 226. *The City and Man*, p. 4–6.
47 *Politische Theologie*, p. 44, 45, 56 (62, 65, 82); *Römischer Katholizismus*, p. 31/32, 56 (21, 37); *Politische Romantik*, p. 21; *Staatsethik und pluralistischer Staat*, *P.u.B.*, p. 143; *Nachwort* zu *Disputation über den Rechtsstaat*. Hamburg 1935, p. 87; *Die Lage der europäischen Rechtswissenschaft* (1943/44) in: *Verfassungsrechtliche Aufsätze aus den Jahren 1924–1954*. Berlin 1958, p. 426; *Donoso Cortés*, p. 11, 91, 108, 110/111, 112; *Die Einheit der Welt*

für ihn mit dieser Herrschaft verbindet, hat Schmitt 1916 zum erstenmal beschrieben. Es hat seinen Grund darin, daß der Antichrist »Christus nachzuahmen weiß und sich ihm so ähnlich macht, daß er allen die Seele ablistet.« »Seine geheimnisvolle Macht liegt in der Nachahmung Gottes. Gott hat die Welt erschaffen, er macht sie nach ... Der unheimliche Zauberer schafft die Welt um, verändert das Antlitz der Erde und macht die Natur sich untertan. Sie dient ihm; wofür ist gleichgültig, für irgendeine Befriedigung künstlicher Bedürfnisse, für Behagen und Komfort. Die Menschen, die sich von ihm täuschen lassen, sehen nur den fabelhaften Effekt; die Natur scheint überwunden, das Zeitalter der Sekurität bricht an; für alles ist gesorgt, eine kluge Voraussicht und Planmäßigkeit ersetzt die Vorsehung; die Vorsehung ›macht‹ er, wie irgendeine Institution.«[48] Der Antichrist triumphierte – und er könnte auf Dauer *nur* triumphieren –, wenn es ihm gelänge, die Menschen davon zu überzeugen, daß der Gegensatz von Freund und Feind endgültig überwunden sei, daß sie sich nicht länger zwischen Christ und Antichrist zu entscheiden brauchten. Im Ideal des definitiv pazifizierten Erdballes, in der Welt ohne Politik, im Leben ohne Ernst bekämpft Schmitt das »Reich des Antichrist«. Indem er das Politische bejaht, bejaht er nach seinem eigenen Selbstverständnis nicht den Naturzustand, sondern einen eschatologisch konzipierten *Stand der Geschichtlichkeit*, einen Stand der *anspruchsvollen moralischen Entscheidung*, der *Probe* und des *Gerichts*.[49] Und wie jeder christliche Theoreti-

---

in: Merkur, VI. Jg., 1. Heft, Januar 1952, p. 1/2, 8/9, 10; *Nomos-Nahme-Name*, p. 102; *Theorie des Partisanen*, p. 62, 73/74, 79; *Politische Theologie II. Die Legende von der Erledigung jeder Politischen Theologie.* Berlin 1970, p. 46 und 124–126.

48 *Theodor Däublers »Nordlicht«. Drei Studien über die Elemente, den Geist und die Aktualität des Werkes.* München 1916, p. 65/66; cf. 63.

49 *Die Sichtbarkeit der Kirche*, p. 75/76, 78; *Politische Theologie*, p. 50, 55, 56 (71, 80, 82, 83); *Römischer Katholizismus*, p. 31/32, 39/40, 65/66, 79/80 (21, 26, 43, 52); *Politische Romantik*, p. 21, 25, 104; *Der Nomos der Erde im Völkerrecht des Jus Publicum Europaeum.* Köln 1950, p. 33, 75–77, 102; *Nomos-Nahme-Name*, p. 104/105; *Donoso Cortés*, p. 76, 78, 114; *Ex Captivitate Salus. Erfahrungen der Zeit 1945/47.* Köln 1950, p. 31, 52, 58, 61, 68, 75,

ker, der »den Schriften Moses' den Glauben schenkt, den er
ihnen schuldet«, leugnet Schmitt, daß die Menschen sich im
Naturzustand jemals befunden haben oder befinden könnten.[50]

78; *Die geschichtliche Struktur des heutigen Welt-Gegensatzes von Ost und
West* in: Freundschaftliche Begegnungen. Festschrift für Ernst Jünger zum
60. Geburtstag. Frankfurt/Main 1955, p. 149–152; *Politische Theologie II*,
p. 72,75; und *Drei Möglichkeiten eines christlichen Geschichtsbildes* in: Uni-
versitas, 5. Jg., 8. Heft, 1950, p. 927–931. (Der Aufsatz erschien unter dem
nicht autorisierten Titel »Drei Stufen historischer Sinngebung«. Die authenti-
sche Überschrift hat Schmitt in von ihm versandten Sonderdrucken handschriftlich wiederhergestellt. Der »von der Redaktion improvisierte Titel« sei
»ganz falsch; es handelt sich weder um ›Stufen‹ noch um ›Sinngebung‹«.)
50 Cf. Jean-Jacques Rousseau: *Discours sur l'origine et les fondemens de
l'inégalité parmi les hommes*. Exordium. (Kritische Edition, Paderborn 1984,
p. 70.)

V

Strauss führt die Auseinandersetzung mit Schmitt auf der Ebene der Politischen Philosophie. Er interpretiert den *Begriff des Politischen*, als interpretiere er die Schrift eines Theoretikers, der einzig auf ein dem Menschen als Menschen zugängliches Wissen Anspruch erhebt, oder als sei allein ein solches Wissen für die von ihm geführte Auseinandersetzung von Bedeutung. Auf diese Weise macht Strauss Schmitts Position so stark, wie man sie nur machen kann, wenn man von der Politischen Theologie absieht, die ihr zugrunde liegt. Mit den Fragen, die seine Interpretation aufwirft, mit den Aporien, die sie in Schmitts Konzeption aufzeigt, bewegt er Schmitt zugleich, Antworten zu geben, die den von Strauss ausgeblendeten Glaubenshintergrund um so deutlicher hervortreten lassen. Strauss' Herausforderung bewirkt, daß der Autor des *Begriffs des Politischen* 1933 mehr von seiner Identität als politischer Theologe zu erkennen gibt als 1927 oder 1932.

Besonders augenfällig kommt der Zugriff der Strausssschen Interpretation in der Erörterung der Frage zum Ausdruck, worauf gestützt Schmitt das Politische als das Unentrinnbare auszuweisen vermag. Kann er es überhaupt? Schmitts ausdrücklicher Feststellung zufolge setzen »alle echten politischen Theorien« den Menschen »als ›böse‹, d.h. als keineswegs unproblematisches, sondern als ›gefährliches‹ und dynamisches Wesen« voraus [61]. Die Position des Politischen scheint demnach in der Gefährlichkeit des Menschen ihre »letzte Voraussetzung« zu haben, wenn dies auch, wie Strauss sogleich hinzufügt, »wohl nicht das letzte« und »gewiß nicht das tiefste Wort ist, das Schmitt zu sagen hat« (A 20). Steht und fällt das Politische mit der Gefährlichkeit des Menschen, so kommt alles darauf an zu wissen, ob seine Gefährlichkeit unerschütterlich, seine Bosheit unentrinnbar ist: »so fest wie die Gefährlichkeit des Menschen steht, so fest steht die Notwendigkeit des Politischen« (A 21). Nun weist Strauss darauf hin, daß Schmitt die These von der Gefährlichkeit selbst als »*Vermutung*«, als »anthropologisches *Glaubens*bekenntnis« [58] qualifiziere. »Ist aber die Gefährlichkeit des Menschen *nur vermutet oder geglaubt, nicht eigentlich gewußt,*[51] so kann auch das Gegenteil für möglich gehalten und der Versuch, die bisher immer wirklich gewesene Gefährlichkeit des Menschen zu beseitigen, ins Werk gesetzt werden. Ist die Gefährlichkeit des Menschen *nur geglaubt,*[52] so ist sie, und damit das Politische, grundsätzlich *bedroht*« (A 21). Mit der Unentrinnbarkeit des Politischen ist es nichts, solange man sie auf die Fundamente zu gründen versucht, auf denen Schmitt das theoretische Gebäude seines Begriffs des Politischen errichtet. Sie sind nicht tragfähig. Sie halten der Kritik nicht stand. Das Absehen von Schmitts Politischer Theologie steigert sich hier zum kaum verhohlenen Angriff: ihre Zurückweisung könnte in der Sache schärfer nicht sein. Denn selbstredend ist Strauss weder verborgen geblieben, daß die »These von der Gefährlichkeit« für Schmitt keineswegs den Status einer bloßen Vermutung besitzt, noch ist ihm entgangen, daß Schmitts Rede vom »anthropologischen Glaubensbekenntnis« den Ton setzt für ein Kapitel, dessen eigentliches Anliegen die Verankerung des Politischen im Theologischen ausmacht: Ebendeshalb stellt Strauss Wissen gegen Glauben, ebendarum betont er rigoros, daß der Glaube nicht genügt. Im Zentrum des siebten, der »Anthropologie« gewidmeten Kapitels des *Begriffs des Politischen* steht der Versuch, das Begründungsverhältnis von Theologie und Politik aufzuzeigen, oder, um eine Formulierung zu wählen, welche die von Schmitt verfolgte Strategie angemessener zum Ausdruck bringt, der Versuch, dem Leser die Annahme eines derartigen Begründungsverhältnisses nahezulegen. »Der Zusammenhang politischer Theorien mit theologischen Dogmen von der

---

51 Meine Hervorhebung.
52 Meine Hervorhebung.

Sünde, der bei Bossuet, Maistre, Bonald, Donoso Cortes und F. J. Stahl[53] besonders auffällig hervortritt, bei zahllosen andern aber ebenso intensiv wirksam ist«, erklärt sich nach Schmitt »aus der Verwandtschaft« der für Theologie wie Politik »notwendigen Denkvoraussetzungen. Das theologische Grunddogma von der Sündhaftigkeit der Welt und der Menschen führt ... ebenso wie die Unterscheidung von Freund und Feind zu einer Einteilung der Menschen, zu einer ›Abstandnahme‹, und macht den unterschiedslosen Optimismus eines durchgängigen Menschenbegriffes unmöglich. In einer guten Welt unter guten Menschen herrscht natürlich nur Friede, Sicherheit und Harmonie Aller mit Allen; die Priester und Theologen sind hier ebenso überflüssig wie die Politiker und Staatsmänner. Was die Leugnung der Erbsünde sozial- und individualpsychologisch bedeutet, haben *Troeltsch* (in seinen ›Soziallehren der christlichen Kirchen‹) und *Seillière* (in vielen Veröffentlichungen über Romantik und Romantiker) an dem Beispiel zahlreicher Sekten, Häretiker, Romantiker und Anarchisten gezeigt. Der methodische Zusammenhang theologischer und politischer Denkvoraussetzungen ist also klar« (64). Ist er klar? Handelt es sich bei der »Verwandtschaft« der »notwendigen Denkvoraussetzungen« lediglich um eine strukturelle Analogie, oder ist sie Ausdruck eines gemeinsamen Ursprungs, verweist sie auf ein und dieselbe Grundlage? Soll uns, gleichsam in »wissenssoziologischer« Absicht, nicht mehr als eine »Parallele« mitgeteilt werden, die sich bei Betrachtung der »Sphären« des Theologischen und des Politischen ergibt – »Unterscheidung« und »Abstandnahme« hier wie dort, doch sehr verschiedener Art –, während sich in und zu anderen »Gebieten menschlichen Denkens« wiederum andere »Parallelen« ergeben, die abweichende Zuordnungen erlauben? Spricht hier etwa ein weiteres Mal der »Jurist«, der »sich in dem Be-

---

53 Den Namen Stahls hat Schmitt 1933 gestrichen (III, 45). Cf. III, 44 und *Der Leviathan in der Staatslehre des Thomas Hobbes*, p. 106–110; s. FN 5 und 6.

reich rechtsgeschichtlicher und soziologischer Forschung«[54]
bewegt? Geht es Schmitt darum, eine »Erklärung« anzubieten,
weshalb politische Theologen vom Schlage eines Maistre, Bonald oder Donoso sich dazu verleiten ließen, ihre politische
Doktrin auf einem theologischen Dogma aufzubauen, ohne
daß sie sich darüber im klaren gewesen wären, was sie taten
und warum sie es taten? Zu Beginn des Kapitels läßt Schmitt
den Leser wissen, man könne »alle Staatstheorien und politischen Ideen« danach einteilen, ob sie »einen ›von Natur bösen‹
oder einen ›von Natur guten‹ Menschen voraussetzen« (59). Es
gibt also politische Theorien, die sich mit ihrer »notwendigen
Denkvoraussetzung« im Einklang und andere, die sich mit ihr
nicht im Einklang befinden. Im Einklang mit sich selbst befinden sich die Theorien, die sich mit dem Grunddogma der Sündhaftigkeit im Einklang befinden. Nur sie kann Schmitt als »echte politische Theorien« (61) anerkennen. Sie allein vermögen,
im besten Fall, der Wirklichkeit des Politischen gerecht zu werden, weil das Politische in der Erbsünde seine tiefste Begründung hat.

1933 erscheint Schmitt die bisherige Darstellung des Zusammenhangs von Theologie und Politik nicht als so klar, daß
sie nicht einer Verdeutlichung bedürftig oder fähig wäre. Das
gilt selbst für das Herzstück seines anthropologischen Glau-
bensbekenntnisses, für die Erbsünde – ein Wort, das Strauss
kein einziges Mal über die Lippen kommt. »Was die Leugnung
der Erbsünde bedeutet«, das zu beurteilen, soll nicht länger
der ungewissen Auslegung des Lesers von Troeltsch und Seillière anheimgestellt bleiben. Es wird apodiktisch verkündet.
E. Troeltsch und der Baron Seillière »haben an dem Beispiel
zahlreicher Sekten, Häretiker, Romantiker und Anarchisten
gezeigt, daß die Leugnung der Erbsünde alle soziale Ordnung
zerstört« (III, 45). Diese Aussage duldet keinen Widerspruch.

---

54 *Politische Theologie II*, p. 101. Cf. dort auch Schmitts Wiedergabe des Un-
tertitels der *Politischen Theologie* von 1922; siehe p. 22, 30, 98, 110.

Credo oder Non-Credo, Ordnung oder Un-Ordnung. Der politische Theologe wagt sich weit vor, bis zu einem Entweder-Oder, das eine Entscheidung verlangt: für den Glauben oder für das Chaos. Wenn Schmitt wie 1927 und 1932 mit der Feststellung fortfährt, »der methodische Zusammenhang theologischer und politischer Denkvoraussetzungen« sei »also klar«, so ist jetzt, um beim Naheliegendsten den Anfang zu machen, das politische Abhängigkeitsverhältnis, das für Schmitt zwischen Theologie und Politik besteht, in der Tat hinreichend erkennbar. Die Politik bedarf der Theologie. Schmitt knüpft nahtlos an das an, was er im Blick auf die »tiefsten Zusammenhänge« bereits in seiner *Politischen Theologie* von 1922 hervorgehoben hatte: »daß mit dem Theologischen das Moralische, mit dem Moralischen die politische Idee verschwindet.«[55] Das Theologische ist die *conditio sine qua non*. Kann es jemals »verschwinden«? Es mag geleugnet werden. Damit ist es noch lange nicht »verschwunden« oder »erledigt«. Wie wenig Schmitt an ein Verschwinden des Theologischen und des Politischen, wie sehr er an die Unentrinnbarkeit beider glaubt, signalisiert er mit der Auswechslung eines einzigen Wortes im letzten Satz, der der Aussage über die Erbsünde unmittelbar vorangeht. »In einer guten Welt unter guten Menschen herrscht natürlich nur Friede, Sicherheit und Harmonie Aller mit Allen; die Priester und Theologen sind hier ebenso *störend*[56] wie die Politiker und Staatsmänner.« Theologen und Politiker werden niemals *überflüssig* sein. Ihre Existenz erübrigt sich nicht von selbst. Sie müßten ausgeschlossen, bekämpft, beseitigt werden. Die Welt des Friedens und der Sekurität wäre erst dann endgültig aufgerichtet, wenn der Glaube an die letzte »Unterscheidung und Einteilung der Menschen«, die Unterscheidung »Erlöster von Nicht-Erlösten, Auserwählter von Nicht-Auserwählten« (III, 45) bezwungen und damit auch die

---

55 *Politische Theologie*, p. 55 (82).
56 Meine Hervorhebung.

letzte mögliche »Stör«quelle zum Versiegen gebracht wäre.[57] Die Politik bedarf der Theologie am Ende nicht zur Verwirklichung eines Zweckes, sondern zur Begründung ihrer Notwendigkeit. Der Glaube ist die uneinnehmbare Bastion des Politischen. Auf die gleiche Sicht der »tiefsten Zusammenhänge« verweist mit Nachdruck schon die erste der drei inhaltlich relevanten Änderungen, die Schmitt in der von uns erörterten Textstelle vornimmt. Der Zusammenhang politischer Theorien und theologischer Dogmen von der Sünde »erklärt sich« in der Neufassung von 1933 »*zunächst aus der ontologisch-existenziellen Denkart, die einem theologischen wie einem politischen Gedankengang wesensgemäß ist. Dann aber auch aus der Ver*wandtschaft dieser methodischen Denkvoraussetzungen.«[58] Im einen wie im anderen Fall kommt es Schmitt zuletzt nicht auf Verwandtschaften, Parallelen oder Strukturanalogien, sondern einzig auf das an, was die Übereinstimmungen zwischen Theologie und Politik konstituiert. Die »ontologisch-existenzielle Denkart« ist dem Wesen eines theologischen wie dem eines politischen Gedankenganges gemäß, weil das »Wesen des Politischen« (20, 45) über eine theologische Grundlage verfügt, weil das Politische seinem Wesen nach eine theologische Bestimmung hat. Der Unabweisbarkeit der Entscheidung zwischen Gott und dem Satan in der theologischen »entspricht« die Unentrinnbarkeit der Unterscheidung zwischen Freund und Feind in der politischen »Sphäre«. Politik wie Theologie erheben den Anspruch, den Menschen »ganz und existenziell« (III, 21) zu erfassen. Ist die Politik für einen »politischen Gedan-

---

57 »Ipsi enim diligenter scitis, quia dies Domini sicut fur in nocte ita veniet. Cum enim dixerint: Pax et securitas! tunc repentinus eis superveniet interitus, sicut dolor in utero habenti, et non effugient.« Erster Thessalonicher Brief, V, 2 und 3. *Pax et securitas* ist die Losung des Antichrist im berühmten *Ludus de Antichristo* (v. 414). Nur an der angeführten Stelle des Ersten Thessalonicher Briefes werden *pax* und *securitas* in der Bibel in einem Atemzug genannt. »Denn wenn sie sagen werden: Friede und Sicherheit! dann kommt plötzliches Verderben über sie.« Cf. Zweiter Thessalonicher Brief, II. Zum *Ludus de Antichristo* s. *Politische Theologie II*, p. 61.
58 III, 45. Meine Hervorhebung.

kengang« das Schicksal, so ist es die Religion für einen theologischen nicht minder. Beruht »bei politischen Entscheidungen selbst die bloße Möglichkeit richtigen Erkennens und Verstehens und damit auch die Befugnis mitzusprechen und zu urteilen nur auf dem existenziellen *Teilhaben* und Teilnehmen, nur auf der echten *participatio*« (III, 8), so gilt das Gleiche nirgendwo mehr als im Falle der Gemeinschaft der Gläubigen, die sich auf die Wahrheit der Offenbarung zurückführt, deren sie teilhaftig wurde, und die sich in der existentiellen Teilhabe an der Einen Wahrheit, in der vollendeten *participatio*, unlösbar verbunden sieht. Die Übereinstimmungen zwischen den beiden »Sphären« verlieren den Charakter bloßer »Entsprechungen«, der tiefste Zusammenhang zwischen dem Theologischen und dem Politischen wird sichtbar im Lichte des »Falls, auf den es allein ankommt«, des Falls, von dem her und auf den hin Carl Schmitt denkt. Der Fall, auf den es allein ankommt, ist der Kampf mit dem providentiellen Feind, mit dem Feind, der in den Augenblicken großer Politik »historisch-konkret« bestimmt wird und gegen den schließlich, am Ende der Zeiten, die »Entscheidungsschlacht« geschlagen werden muß.

Aus demselben Grund, aus dem die Gefährlichkeit des Menschen für Schmitt unerschütterlich feststeht, aus demselben Grund begreift er die Bosheit des Menschen nicht als *unschuldige* Bosheit. Die »Auffassung der menschlichen Bosheit als animalischer und darum unschuldiger ›Bosheit‹ rückgängig zu machen«, vor diese Aufgabe, die Strauss im Blick auf »die radikale Kritik am Liberalismus« formuliert, »die Schmitt anstrebt« (A 26), sieht sich Schmitt nicht gestellt, weil er eine solche Auffassung nicht vertritt. Auch das gibt Schmitt mit den Hinweisen auf die theologischen Fundamente seiner »Anthropologie« zu erkennen. Wenn der Philosoph Hobbes, wie Strauss darlegt,[59] die natürliche Bosheit »als *unschuldige* ›Bosheit‹ verstehen mußte, weil er die Sünde leugnete« (A 26), so

---

59 Cf. Leo Strauss: *Hobbes' politische Wissenschaft*, p. 18–36 und *What Is Political Philosophy?* p. 176–181, 189–191.

gilt dies für Schmitt in keiner Weise. Die Erbsünde ist der Dreh-
und Angelpunkt seines anthropologischen Glaubens*bekenntnisses*. Daß Schmitt die Unterscheidung zwischen einem »von
Natur bösen« und einem »von Natur guten Menschen« gleichwohl ausdrücklich als eine »ganz summarische«, »nicht in einem speziell moralischen oder ethischen Sinne zu nehmende«
Unterscheidung ins Spiel bringt, daß er »nur« auf einer »pro-
blematischen Auffassung des Menschen« als »Voraussetzung
jeder weiteren politischen Erwägung« (59) besteht, daß ihm
die Anerkennung des Menschen als eines »gefährlichen«, »ris-
kanten«, »dynamischen Wesens« (59, 61) durch die »echten politischen Theorien« genügt, hat mehrere Gründe. Zum einen
kann er allein auf diese Weise zeigen, daß sich alle wahrhaft
politischen Theorien mit der Wahrheit der Erbsünde *im Einklang* befinden, unbeschadet der Frage, ob die jeweiligen Theoretiker das Dogma selbst anerkennen. So und nur so aber vermag Schmitt den von ihm »ontologisch-existenziell« gedachten
Begründungszusammenhang von Theologie und Politik aufrechtzuerhalten. Zum anderen kann er seine »Denkart« wir-
kungsvoll gegenüber der »Moraltheologie« abgrenzen und
klarstellen, daß die Politische Theologie, die er vertritt, beileibe
nicht eine »bloß normative Moral« im Auge hat. Schließlich
und endlich verwischt die summarische Rede vom »bösen«
Menschen die Unterschiede zwischen Schmitts eigener und
ganz anders begründeten anthropologischen Positionen hinreichend, um den spezifischen Sinn von Schmitts anthropologi-
schem Glaubensbekenntnis *beinahe* verschwinden zu lassen«
und es mit Rücksicht sowohl auf die politische wie auf die theoretische Kritik nicht zu sehr zu exponieren. Nein, es ist nicht
die »Bewunderung der animalischen Kraft«, die Schmitt dazu
bestimmt, die Gefährlichkeit des Menschen zu betonen und
sich dabei auf die unterschiedlichsten Gewährsleute zu berufen. Nachdem Strauss ihm vorgehalten hatte, er spreche »von
der nicht moralisch zu verstehenden ›Bosheit‹ mit einer unverkennbaren *Sympathie*«, was ihn daran hindere, »mit sich
selbst im Einklang« zu bleiben (A 26), streicht Schmitt Aussa-

gen, die diesen Eindruck erwecken können, gleich reihenweise. Zitate, in denen der »Kern der menschlichen Natur« auf die Formel »Animalität, Triebe, Affekte« gebracht wird, vom »Spiel der Affekte« oder von der »Würde des Machttypus« die Rede ist, fallen dieser Korrektur ebenso zum Opfer wie die Einschätzung, »Plessners dynamisches ›Offenbleiben‹« dürfte, »schon wegen seiner positiven Beziehung zur Gefahr und zum Gefährlichen, dem ›Bösen‹ näher sein als dem ›Guten‹«, oder gar die die Konturen von Schmitts eigener Position wohl doch über Gebühr verwischenden Bemerkungen, daß selbst Nietzsche »auf die ›böse‹ Seite« gehöre und daß »schließlich die ›Macht‹ überhaupt (nach dem bekannten, bei ihm übrigens nicht eindeutigen Wort *Burckhardts*) etwas Böses« sei (59/60). An die Stelle aller dieser Äußerungen tritt eine direkte Erwiderung auf die von Strauss aufgeworfene Frage[60]: »Selbstverständlich ist, wie Hobbes richtig betont hat, eine echte Feindschaft nur zwischen Menschen möglich.[61] Die politische Freund-Feind-Unterscheidung ist um eben soviel tiefer als alle im Tierreich bestehenden Gegensätzlichkeiten, wie der Mensch als geistig existierendes Wesen über dem Tier steht.« Mit den »Rivalitäten aller Art« (III, 42), wie sie die Tiere bewegen, hat die Unterscheidung von Freund und Feind für Schmitt nichts zu schaffen, nichts mit Animalität, noch irgend etwas mit unschuldiger Bosheit. Die

60 Bereits die Änderung im letzten Satz, der dem neuen Text von 1933 vorangeht, antwortet auf Strauss (A 26): »Hier besteht ein unmittelbarer Zusammenhang der politischen Anthropologie mit dem, was die Staatsphilosophen des 17. Jahrhunderts (Hobbes, Spinoza, Pufendorff) den ›Naturzustand‹ nannten, in welchem die Staaten untereinander leben, der ein Zustand fortwährender Gefahr und Gefährdung ist und dessen handelnde Subjekte eben deshalb ›böse‹, *d. h. nicht befriedet*, sind, wie die von ihren Trieben, von Hunger, Gier, Angst, Eifersucht *und Rivalitäten aller Art* bewegten Tiere« (III, 41/ 42). Meine Hervorhebung.
61 Schmitt teilt nichts darüber mit, welche Aussage von Hobbes er im Auge hat. In der *Theorie des Partisanen* bezieht er sich später ausdrücklich auf *De Homine* X, 3 (Schmitt schreibt irrtümlich IX, 3): »Hobbes sagt: der Mensch ist andern Menschen, von denen er sich gefährdet glaubt, um ebensoviel gefährlicher als jedes Tier, wie die Waffen des Menschen gefährlicher sind als die sogenannten natürlichen Waffen des Tieres, zum Beispiel: Zähne, Pranken, Hörner oder Gift« (p. 95). Beachte den Kontext bei Hobbes.

Gegensätze zwischen Freund und Feind »sind geistiger Art, wie alle Existenz des Menschen« – auch diese Aussage fügt Schmitt 1933 neu in den Text ein (III, 9). Mehr als zwei Jahrzehnte später bringt er den immer gleichen Kern, um den seine »Anthropologie« kreist, folgendermaßen zum Ausdruck: »Der Hund stellt die Katze geistig oder moralisch mit ihrem Wesen nicht in Frage, und die Katze nicht den Hund.« Ganz im Gegensatz zur Feindschaft, die zwischen den Menschen herrscht und die »nicht die Natur« hervorruft. Denn sie »enthält eine Spannung, die das Natürliche bei weitem transzendiert«.[62]

---

62 *Die geschichtliche Struktur*, p. 149, 150/151. Cf. *Ex Captivitate Salus*, p. 68, 75, 78.

VI

Schmitts Antworten fügen sich zu einem Ganzen, sie ergeben ein geschlossenes Bild, sobald man das einheitsstiftende Zentrum sieht und bedenkt, auf das sie, vager oder präziser formuliert, offener oder verdeckter mitgeteilt, in immer neuen Wendungen verweisen. Auf die kardinale Frage nach der Notwendigkeit des Politischen antwortet Schmitt in mehreren Annäherungen und in unterschiedlichen Kontexten. Die erste Antwort, die er gibt, ist die verdeckteste und die präziseste. Sie schließt alles übrige, was er zum Thema ins Feld zu führen hat, im Ergebnis mit ein. Sie bezieht sich unmittelbar auf die Stelle, an der Strauss die Frage zum erstenmal an Schmitt richtet, und man könnte sie in mehrerlei Hinsicht die »persönlichste« der Antworten an Strauss nennen. Ob »ad hominem« geschrieben oder nicht, in jedem Fall handelt es sich um eine der bemerkenswertesten des gesamten Dialogs. Als Ausgangspunkt für die eindringliche Erörterung, die Strauss schließlich in der Feststellung gipfeln läßt, solange die Gefährlichkeit des Menschen »nur geglaubt ist«, sei das Politische »grundsätzlich *bedroht*« (A 21), dient Strauss die Aussage Schmitts: »Ob und wann« der endgültig entpolitisierte »Zustand der Erde und der Menschheit eintreten wird, weiß ich nicht. Vorläufig ist er nicht da. Es wäre eine unehrliche Fiktion,[63] ihn als vorhanden anzunehmen ...« (54). Daran knüpft Strauss die Bemerkung, man könne, »am allerwenigsten« könne »Schmitt selbst sich dabei beruhigen, daß der entpolitisierte Zustand ›*vorläufig* nicht da‹ ist« (A 17). Schmitts rhetorischer »Positivismus« lenkt die Aufmerksamkeit des Lesers um so sicherer auf die Frage, was es mit der behaupteten Unentrinnbarkeit des Politischen auf sich

---

63 »Es wäre eine auf Betrug angelegte Fiktion, ihn für heute oder morgen als vorhanden anzunehmen ...« (III, 36).

habe. »Angesichts der Tatsache, daß es heute eine mächtige Bewegung gibt, welche die völlige Beseitigung der realen Möglichkeit des Krieges, also die Abschaffung des Politischen anstrebt, angesichts der Tatsache, daß diese Bewegung nicht nur auf die Denkart des Zeitalters einen großen Einfluß ausübt, sondern auch die wirklichen Verhältnisse maßgebend bestimmt – hat diese Bewegung doch dazu geführt, daß der Krieg ›heute ... wahrscheinlich weder etwas Frommes, noch etwas moralisch Gutes, noch etwas Rentables‹ ist [36], während er in früheren Jahrhunderten doch alles dies sein konnte –, angesichts dieser Tatsache muß man über das Heute hinaus fragen: zugegeben, daß ›der Krieg als reale Möglichkeit heute noch vorhanden ist‹ – wird er es morgen noch sein? oder übermorgen?« (A 17). Schmitts Antwort ist ebenso lapidar wie subtil. Bei der Neubearbeitung des *Begriffs des Politischen* ersetzt er in der Aussage, der Krieg sei »heute ... wahrscheinlich weder etwas Frommes, noch etwas moralisch Gutes, noch etwas Rentables«, das von Strauss kursiv hervorgehobene Wort *heute* durch die Bestimmung *in einer Zeit, die ihre metaphysischen Gegensätze moralisch oder ökonomisch verschleiert* (III, 18 f.).[64] Der Krieg wird nicht nur morgen und übermorgen,

64 Karl Löwith hat die Änderung bemerkt, aber nicht als Antwort auf die Frage von Strauss verstanden. So sieht er nur eine Ungereimtheit, einen merkwürdigen Kontrast zu dem Bild, das er sich von Schmitts politischem Dezisionismus gemacht hat, ohne den Widerspruch zum Anlaß zu nehmen, das Bild auf seine Stimmigkeit zu überprüfen. »Der mögliche Sinn des Krieges«, kommentiert Löwith den neuen Wortlaut von 1933, »wird hier also, auch mit Bezug auf unsere Zeit, auf metaphysische Gegensätze bezogen, obwohl die ganzen Ausführungen von Schmitt ihre spezifisch polemische Note gerade darin haben, daß sie das Theologische, Metaphysische, Moralische und Ökonomische als maßgeblich für das eigentlich Politische verneinen.« *Politischer Dezisionismus*, p. 113n. – Schmitt hatte eine Vorstellung davon, *wie* Strauss las, und wir verfügen über ein reiches Anschauungsmaterial, Zeugnisse jeder Art, wie Schmitt selbst gelesen hat, wie er etwa nach dem *entscheidenden* Satz eines Buches, nach dem *einen* Wort Ausschau hielt, auf das es in einem Text ankommt. Die Art und Weise, in der er seinen Dialog mit Strauss führt, ist daher alles andere als verwunderlich. In Sachen Thomas Hobbes hat Schmitt später einen neuen Diskussionsversuch unternommen (s. *Der Leviathan in der Staatslehre des Thomas Hobbes*, p. 20/21, 38), und noch in den letzten Jahren seines Lebens beschäftigte ihn die Frage, ob Strauss »meine Levia-

er wird bis ans »Ende der Zeiten«[65] als reale Möglichkeit vorhanden sein, weil ihm *metaphysische Gegensätze* zugrunde liegen. Metaphysische Gegensätze können moralisch oder ökonomisch drapiert werden, das schafft sie nicht aus der Welt. Nichts Menschliches vermag sie aus der Welt zu schaffen. Kein Mensch wird ihrer Herr werden. »Metaphysik ist etwas Unvermeidliches«,[66] und der »metaphysische Kern aller Politik«[67] ist der Garant dafür, daß die politischen Gegensätze ebensolange unentrinnbar sein werden, wie die metaphysischen unvermeidlich sind.

In einer weiteren Rücksicht versucht Schmitt, die eigene Position durch die Andeutung ihrer metaphysischen Verankerung und ihres metaphysischen Sinnes prägnanter zu verorten: um sie gegen das Mißverständnis zu sichern, die Bejahung des Politischen, die er in seiner Polemik gegen den Liberalismus der Verneinung des Politischen entgegenstellt, habe ihren Sinn in der »Bejahung des Kampfes als solchen, ganz gleichgültig, *wofür* gekämpft wird«. Strauss hat in aller nur zu wünschenden Klarheit ausgesprochen, was die »Bejahung des Politischen unter Absehung vom Moralischen« und, wie wir hinzufügen dürfen, unter Absehung vom Theologischen »zu bedeuten hätte«. »Wer das Politische als solches bejaht, verhält sich *neutral*

than-Schrift von 1938 kennengelernt und vor allem, ob er den Challenge meines Hobbes-Aufsatzes *Die vollendete Reformation* (that Jesus is the Christ) vernommen hat«. In Schmitts Aufsatz von 1965 wird Leo Strauss mit keiner Silbe erwähnt. Eine Fußnote (p. 58) weist den Leser jedoch auf »das entzükkende Buch von Samuel I. *Mintz*, The Hunting of Leviathan, Cambridge 1962« hin, »das sich übrigens in verständiger Weise auch gegen die heutige Abstempelung des Hobbes als eines Atheisten wendet (S. 44).« Wer dem Hinweis folgt und Seite 44 nachschlägt, findet den Namen, um den es geht. (Beim Wiederabdruck des Aufsatzes im Anhang zur Neuausgabe von Schmitts Hobbes-Buch, Köln 1982, p. 153, hat der Herausgeber, der Setzer oder der Korrektor, jedenfalls nicht Schmitt selbst, *S. 44* gestrichen. Damit ist der Hinweis verstummt.) Die Antwort auf Schmitts »Challenge« findet sich in der Studie *On the Basis of Hobbes's Political Philosophy* aus dem Jahre 1954. (Leo Strauss: *What Is Political Philosophy?* p. 182–191.) Siehe FN 40 und 101.
65 Cf. *Politische Theologie II*, p. 75.
66 *Politische Romantik*, p. 23.
67 *Politische Theologie*, p. 44 (65).

gegenüber allen Freund-Feind-Gruppierungen.« Er »respektiert alle, die kämpfen wollen; er ist genau so *tolerant* wie die Liberalen – nur in entgegengesetzter Absicht: während der Liberale alle ›*ehrlichen*‹ Überzeugungen respektiert und toleriert, wofern sie nur die gesetzliche Ordnung, den *Frieden* als sakrosankt anerkennen, respektiert und toleriert, wer das Politische als solches bejaht, alle ›*ernsten*‹ Überzeugungen, d. h. alle auf die reale Möglichkeit des *Krieges* ausgerichteten Entscheidungen. So erweist sich die Bejahung des Politischen als solchen als ein Liberalismus mit umgekehrtem Vorzeichen« (A 32). Daß die Bejahung des Politischen als solchen *nicht* Schmitts »letztes Wort« ist, daran läßt Strauss keinen Zweifel (A 33, A 29). Aber auch wenn es sich nur um sein »erstes Wort gegenüber dem Liberalismus« handelte, mag Schmitt sie 1933 nicht länger als eine Bejahung des Kampfes, *gleichgültig wofür gekämpft wird*, verstanden wissen oder bestehen lassen. Ausdrücklich unterscheidet er in der dritten Fassung zwei fundamental verschiedene »Haltungen« gegenüber dem Krieg, die »agonale« einerseits und die »politische« andererseits. Er grenzt den »politischen«, den »echten Freund-Feind-Gegensatz« jetzt gegen den »agonalen«, den »unpolitisch-agonalen Wettkampf« ab (III, 10, 12, 15, 17). Der Stelle, an der er die neue Unterscheidung zwischen Feind und Gegenspieler einführt – »Feind ist auch nicht der Gegenspieler, der ›Antagonist‹ im blutigen Wettkampf des ›Agon‹« – fügt er eine Fußnote hinzu, deren erster Satz lautet: »A. Baeumler deutet Nietzsches und Heraklits Kampfbegriff ganz ins Agonale. Frage: woher kommen in Walhall die Feinde?« Im Zentrum der nicht eben »zeitgemäßen« Anmerkung[68] bringt Schmitt abermals die Metaphy-

68 Sehr viel vorsichtiger ist Schmitt bei der Änderung seiner Aussage über den politischen Charakter der Gegensätze, die »*innerhalb* des Staates als einer organisierten politischen Einheit« bestehen. 1932 hatte er geschrieben, daß sich dort »zahlreiche *sekundären* Begriffe von ›politisch‹« ergeben. »Doch bleibt auch hier stets ein – durch die Existenz der alle Gegensätze umfassenden politischen Einheit des Staates allerdings relativierter – Gegensatz und Antagonismus innerhalb des Staates für den Begriff des Politischen konstitutiv« (30). 1933 heißt es statt dessen: »Hier tritt der Freund-Feind-Gegen-

sik ins Spiel.«Der große metaphysische Gegensatz *agonalen* und *politischen* Denkens tritt in jeder tieferen Erörterung des Krieges zutage. Aus neuester Zeit möchte ich hier das großartige Streitgespräch zwischen Ernst *Jünger* und Paul *Adams* (Deutschlandsender, 1. Februar 1933) nennen ... Hier vertrat Ernst Jünger das agonale Prinzip (ɔder Mensch ist nicht auf den Frieden angelegtɔ), während Paul Adams den Sinn des Krieges in der Herbeiführung von Herrschaft, Ordnung und Frieden sah« (III, 10). In der Kontroverse zwischen Ernst Jünger und Paul Adams steht Schmitt nicht auf der Seite des »bellizistischen« Nationalisten, sondern auf der des »autoritären« Katholiken. Leo Strauss hat recht, der »letzte Streit« findet für Schmitt »nicht zwischen Bellizismus und Pazifismus (bzw. Nationalismus und Internationalismus) statt« (A25).[69] Er hat ebenso recht, wenn er sagt, das letzte Wort von Schmitt sei nicht die Bejahung des Politischen im Sinne der Bejahung des Kampfes als solchen, sondern »die Ordnung der menschlichen Dinge« [95].[70] Der Kampf trägt für Schmitt sowenig seinen

satz zurück, weil es sich um Gegensätze innerhalb einer befriedeten politischen Einheit handelt. *Zwar* bleibt auch hier stets ein – durch die Existenz der alle Gegensätze umfassenden politischen Einheit des Staates allerdings relativierter – Gegensatz und Antagonismus innerhalb des Staates für den Begriff des Politischen konstitutiv. *Doch bleibt es offen, ob bei solchen Gegensätzen ein nur ɔagonalerɔ, die gemeinsame Einheit bejahender Wettstreit, oder ob bereits ein Ansatz zu einem, die politische Einheit verneinenden, echten Freund-Feind-Gegensatz, d. h. ein latenter Bürgerkrieg vorliegt*« (III, 12). Meine Hervorhebung.
69 Cf. Brief vom 4. September 1932, S. 132f.
70 Schmitt hat 1934 ein »konkretes Ordnungs- und Gestaltungsdenken« für sich in Anspruch genommen und dem »Normativismus« wie dem »Dezisionismus« als »dritte Art rechtswissenschaftlichen Denkens« entgegengestellt. Über allgemeine Proklamationen seines Erfordernisses (»Jetzt bedarf es eines konkreten Ordnungs- und Gestaltungsdenkens, das den zahlreichen neuen Aufgaben der staatlichen, völkischen, wirtschaftlichen und weltanschaulichen Lage und den neuen Gemeinschaftsformen gewachsen ist.«) und die wiederholt bekundete Hoffnung, daß es sich unter Rückgriff auf Generalklauseln »wie gute Sitten, Treu und Glauben, Zumutbarkeit und Nichtzumutbarkeit, wichtiger Grund usw.« schließlich »durchsetzen« könne (*Über die drei Arten des rechtswissenschaftlichen Denkens*, p. 58, 59, 67; cf. 60, 63 und 66), ist das »konkrete Ordnungsdenken« Schmitts freilich allein auf dem Feld des Völkerrechts hinausgelangt und in der Tat *konkret* geworden. Das gilt ins-

»Zweck in sich« wie das Kunstwerk. Politik und Krieg sind ihm weder Gegenstände einer »ästhetischen Weltsicht«,[71] noch treffen Charakterisierungen von der Art »Entschlossenheit zu allem wie nichts« oder Formeln vom Schlage »Entscheidung für die Entscheidung« seinen »innersten Kern«.[72] Schmitt steht nicht in der Nachfolge Nietzsches,[73] und zu Ernst Jünger befindet er sich in einem »metaphysischen Gegensatz«, der in der Haltung gegenüber dem Krieg zutage tritt, aber weit darüber hinausreicht.[74] Als würde die Unterscheidung zwischen Gegen-

besondere für *Völkerrechtliche Großraumordnung mit Interventionsverbot für raumfremde Mächte. Ein Beitrag zum Reichsbegriff im Völkerrecht.* Berlin–Wien 1939 (3. und 4., jeweils erweiterte und aktualisierte A. 1941). Am Ende des Abdrucks des letzten Kapitels der *Völkerrechtlichen Großraumordnung* in *Positionen und Begriffe* (p. 312) nimmt Schmitt 1939 das Vergil-Zitat (*Ecloga* IV, 5) wieder auf, mit dem er 1929 den Aufsatz »Die europäische Kultur in Zwischenstadien der Neutralisierung« geschlossen hatte und das er 1932 ans Ende des *Begriffs des Politischen* stellte: Ab integro nascitur ordo.

71 Cf. *Politische Romantik*, p. 21, 222.

72 *Ex Captivitate Salus*, p. 52/53.

73 Schmitt begegnet Nietzsche ein Leben lang mit Geringschätzung und schroffer Ablehnung. Den Haupttext seines neuen Vorworts zur *Politischen Romantik* beschließt der Satz: »Man muß die drei Menschen sehen, deren entstelltes Antlitz durch den bunten romantischen Schleier hindurchstarrt, Byron, Baudelaire und Nietzsche, die drei Hohenpriester und zugleich die drei Schlachtopfer dieses privaten Priestertums« (p. 27). 25 Jahre später schreibt er: »Nietzsche hat voller Wut gerade in Hegel und in dem sechsten, das ist in dem historischen Sinn der Deutschen, den großen Verzögerer auf dem Weg zum offenen Atheismus erblickt.« *Drei Möglichkeiten eines christlichen Geschichtsbildes*, p. 930. Schmitt wiederholt diese Aussage über Nietzsche, den er in seinen Schriften selten erwähnt, mehrfach und spricht nicht weniger als viermal von dessen *Wut* bzw. *Wutanfall*, s. *Die andere Hegel-Linie*, p. 2, *Verfassungsrechtliche Aufsätze*, p. 428 und 429; zuvor bereits – ohne das Attribut »Wut« – *Beschleuniger wider Willen oder: Problematik der westlichen Hemisphäre* in: Das Reich, 19. April 1942. Cf. *Donoso Cortés*, p. 98, 107, 109, 111/112.

74 Die Differenz in der Auffassung des Politischen und des Krieges betont Schmitt erneut in einem 1936 veröffentlichten Handbuchartikel zum Stichwort *Politik*: »Der tiefste Gegensatz in den Auffassungen vom Wesen des Politischen betrifft nun nicht die Frage, ob die Politik auf jeden Kampf verzichten kann oder nicht (das könnte sie überhaupt nicht, ohne aufzuhören, Politik zu sein), sondern die andere Frage, *worin Krieg und Kampf ihren Sinn finden.* Hat der Krieg seinen Sinn in sich selbst oder in dem durch den Krieg zu erringenden Frieden? Nach der Auffassung eines reinen Nichts-als-Kriegertums hat der Krieg seinen Sinn, sein Recht und seinen Heroismus in sich selbst;

spieler und Feind, zwischen dem blutigen Wettkampf des Agon und dem »echten«, politischen Freund-Feind-Gegensatz, als würde selbst die Aussage, der Krieg könne »je nach dem Grade der Feindschaft, mehr oder weniger Krieg sein«, nicht genügend unterstreichen, daß es Schmitt mit seinem Begriff des Politischen um etwas *anderes* als um die Bejahung des Kampfes schlechthin und um *sehr viel mehr* als um ein »einfaches Kriterium« geht, für welches der Feind »eben der Andere, der Fremde« ist, ein Kriterium, bei dem der Bezug »auf die reale Möglichkeit der physischen Tötung« gleichsam die wissenschaftliche Handhabbarkeit gewährleistete, – als wären die übrigen »Präzisierungen« allesamt nicht ausreichend, »präzisiert« Schmitt zu guter Letzt auch noch seine Sicht der heiligen Kriege und Kreuzzüge der Kirche. 1927 hatte die Rhetorik der »reinen Politik« für sie keinen Raum gelassen. 1932 führte Schmitt sie als »Aktionen« in die »Sphäre« des Politischen ein, »die auf einer Feindentscheidung beruhen wie andere Kriege«. Doch erst 1933, ausgerechnet 1933, billigt er ihnen in aller Form zu, daß sie »auf einer besonders echten und tiefen Feindentscheidung beruhen können«.[75]

Weshalb hält Schmitt seine Absichten so lange im Dunkeln? Warum versucht er den Eindruck zu erwecken, es komme ihm allein darauf an, zu beschreiben, »was ist«, als genüge ihm die Tatsache, daß das Politische »vorläufig« noch Bestand hat? Wa-

der Mensch ist, wie Ernst Jünger sagt, ›nicht auf den Frieden angelegt‹. Das gleiche besagt der berühmte Satz des Heraklit: ›Der Krieg ist der Vater und König von Allem; die einen erweist er als Götter, die andern als Menschen; die einen macht er zu Freien, die andern zu Sklaven‹. Eine solche Auffassung steht als rein *kriegerisch* in einem Gegensatz zu der *politischen* Ansicht. Diese geht vielmehr davon aus, daß Kriege sinnvollerweise des Friedens wegen geführt werden und ein Mittel der Politik sind.« Hermann Franke (Hrsg.): *Handbuch der neuzeitlichen Wehrwissenschaften.* Erster Band: Wehrpolitik und Kriegführung. Berlin und Leipzig 1936, p. 549. – Sehr viel deutlicher kommt der *Glaubensgegensatz*, durch den sich Schmitt von Jünger getrennt sieht, in der Erörterung des Gegensatzes von *geschichtlicher Einmaligkeit* und *ewiger Wiederkehr* zum Ausdruck, die Schmitt in der Festschrift für Ernst Jünger vorlegt. *Die geschichtliche Struktur*, p. 141, 146–154, 166, 167.
75 III, 30. Vergleiche die aufschlußreichen Änderungen des vorangehenden Satzes in der zweiten und dritten Fassung (I, 17; 48; III, 30).

rum spricht er von »Vermutungen«, wo seine tiefsten Überzeugungen in Rede stehen? Weshalb bemüht er sich, sein moralisches Urteil, seine wertende Stellungnahme zum Politischen zu verbergen? Für die letzte Frage bietet Strauss eine Erklärung an: Jede wertende Stellungnahme zum Politischen wäre in Schmitts Augen »eine ›freie, nicht kontrollierbare, keinen andern als den Frei-sich-Entschließenden selbst angehende Entschließung‹, sie wäre wesentlich ›Privatsache‹ [49]; das Politische aber ist allem privaten Belieben entzogen: es hat den Charakter überprivater *Verbindlichkeit.* Wird nun vorausgesetzt, alle Ideale seien privat und also unverbindlich, so kann die Verbindlichkeit nicht als solche, nicht als Pflicht, sondern nur als unentrinnbare Notwendigkeit begriffen werden. Diese Voraussetzung also ist es, die Schmitt dazu disponiert, die Unentrinnbarkeit des Politischen zu behaupten, und, sobald er, durch die Sache gezwungen, diese Behauptung nicht mehr aufrechterhalten kann, sein moralisches Urteil zu verbergen; und diese Voraussetzung ist, wie er selbst hervorhebt, die charakteristische Voraussetzung der ›individualistisch-liberalen Gesellschaft‹ [49]« (A 31). Aber betrachtet Schmitt seine Stellungnahme zum Politischen selbst als die eines »Frei-sich-Entschließenden«? Ist die Voraussetzung, alle Ideale seien unverbindlich, seine letzte Voraussetzung? Strauss' doppelter Angriff, das bohrende Fragen nach der Notwendigkeit des Politischen wie die Kritik, Schmitts Denken bleibe dem Liberalismus entscheidend verhaftet, lockt Schmitt so weit aus der Reserve, daß die theologischen Voraussetzungen zum Vorschein kommen, die Schmitt *sowohl* an die Unentrinnbarkeit des Politischen glauben lassen *als auch* sein moralisches Urteil gegen jeden Versuch bestimmen, die Welt ohne Ernst, den Zustand vollkommener diesseitiger Sicherheit, den allgemeinen Betrieb ins Werk zu setzen. Warum also, so muß am Ende gefragt werden, warum ist Schmitt bemüht, die theologischen Voraussetzungen seiner Politik zu verbergen? Wenn wir von allen persönlich-privaten und im engeren Sinne historisch-taktischen Erwägungen einmal absehen, sind zwei Gründe dafür ausschlaggebend. Im Liberalismus sieht sich Schmitt einem Feind gegenüber, der »auch die metaphysische Wahrheit in eine Diskussion auflösen möchte«.[76] Deshalb entscheidet er sich für die Strategie, die »Metaphysik« des Liberalismus zum Gegenstand der Kritik zu machen, dessen »konsequentes, umfassendes metaphysisches System« aus der Perspektive seiner Politischen Theologie zu durchleuchten und den »Glauben an die Diskussion« zu attackieren, ohne dabei den Kern der eigenen Politik der Diskussion auszusetzen, dem »ewigen Gespräch« zu überantworten oder durch den »ewigen Wettbewerb der Meinungen« vereinnahmen und relativieren zu lassen.[77] Schmitt handelt eingedenk des Wortes von Bruno Bauer, das sich seiner besonderen Wertschätzung erfreut: »Erobern kann nur derjenige, der seine Beute besser kennt, als sie sich selbst.«[78] Der zweite, der theologische Grund ist mit dem politischen aufs engste verbunden. Carl Schmitt hüllt das Zentrum seines Denkens in Dunkelheit, weil das Zentrum seines Denkens der Glaube ist. Der Glaube an die Menschwerdung Gottes, an »ein geschichtliches Ereignis von unendlicher, unbesitzbarer, unokkupierbarer Einmaligkeit.«[79] Die Dinge der Offenbarung aber eignen sich nicht für eine Erörterung mit Ungläubigen. Argumente verschlagen in ihnen nichts. Denn es kommt hier ausschließlich »auf die Wahrheit an, nicht auf die Unwiderleglichkeit«, auf die Wahrheit des *Glaubens*.[80]

76 *Politische Theologie*, p. 54 (80).
77 *Die geistesgeschichtliche Lage*, p. 45/46, 58, 61.
78 *Positionen und Begriffe*, p. 293. Cf. *Der Nomos der Erde*, p. 102; *Ex Captivitate Salus*, p. 18, 39. Siehe neben der von Schmitt in *P.u.B.* angeführten Schrift Bauers *Die bürgerliche Revolution in Deutschland seit dem Anfang der deutsch-katholischen Bewegung bis zur Gegenwart*. Berlin 1849, p. 294, *Die theologische Erklärung der Evangelien*. Berlin 1852, p. 35 ff.
79 *Drei Möglichkeiten*, p. 930; cf. *Ex Captivitate Salus*, p. 12, 45, 52/53, 61, 68, 75, 78; *Der Nomos der Erde*, p. 14; *Theorie des Partisanen*, p. 26; *Nachwort* zu J. A. Kanne: *Aus meinem Leben*. Berlin 1940 [zuerst erschienen 1919, geschrieben 1918], p. 68.
80 Cf. *Die Sichtbarkeit der Kirche*, p. 71; *Politische Theologie*, p. 52(74); *Politische Romantik*, p. 137.

Schmitt glaubt sich verpflichtet. Er begreift sich nicht als Handelnden im Dienste einer lediglich ihn angehenden »freien Entschließung«. Er glaubt sich zum *politischen Handeln* verpflichtet. Aber die Verpflichtung, die er als verbindlich anerkennt, ist die Verbindlichkeit *seines* Glaubens. Leo Strauss' Kritik »übersieht«, was für Schmitt das Entscheidende ist. Sie sieht genau, was für Strauss, und nicht nur für ihn, allein Gewicht hat. Schmitt vermag die Verbindlichkeit des Politischen nicht anders denn als Geschick zu verstehen. Die einzige Rettung aus dem Relativismus der »Privatsachen«, die ihm vor Augen steht, ist die autoritative Gewalt der Offenbarung und der Providenz. Die Wahrheit der Offenbarung ist für ihn freilich eine so gewisse Quelle »integren Wissens«, daß allen Anstrengungen, mit menschlichen Mitteln zur Erkenntnis der Natur des Menschen und zu gültigen Aussagen über den Charakter des Politischen zu gelangen, nur mehr eine untergeordnete, abgeleitete Bedeutung zukommen kann. Wenn das Wichtigste unumstößlich feststeht, wird das Streben nach Erkenntnis bestenfalls die Bestätigung des bereits »Gewußten« zum Ergebnis haben. Angesichts der Wahrheit der Erbsünde etwa bleibt alles, was die Anthropologie zutage fördern kann, sekundär. Ihre »Vermutungen« mögen »interessant« sein. Entscheidend sind sie nicht. Auf die »Frage nach den natürlichen Eigenschaften des Menschen« (65) braucht sich Schmitt daher im Ernst nicht einzulassen. Aus dem gleichen Grund macht Schmitt seine Konzeption des Politischen auch nicht von einer primären Tendenz der menschlichen Natur zur Bildung exklusiver Gruppen abhängig. Das Politische ist für ihn nicht in *dem* Sinne das Schicksal, daß »die Abschließungstendenz (und damit die Freund-Feind-Gruppierung der Menschheit) mit der *menschlichen Natur* gegeben ist«.[81]

Das Politische ist das Schicksal, weil es die Menschen, ob sie wollen oder nicht, im Stand der Geschichtlichkeit und des Gerichts hält; weil es sie jenseits ihrer privaten Absichten in ein

---

81 Leo Strauss, Brief vom 4. September 1932, S. 133. Meine Hervorhebung.

Geschehen hineinnimmt, in dem »Geist gegen Geist, Leben gegen Leben kämpft« (95); weil es sie, ob sie dessen gewahr sind oder nicht, teilhaben läßt an einer »in großen Zeugnissen stürmenden, in starken Kreaturierungen wachsenden Einstükkung des Ewigen in den Ablauf der Zeiten«.[82] Bei allen Wandlungen seiner politischen Doktrin, allen Veränderungen auch des Begriffs des Politischen, bleibt das Politische für Schmitt *wesentlich* Geschick. Vom Krieg her oder im Blick auf den Bürgerkrieg, offensiv als äußerster Intensitätsgrad oder defensiv als letztes Rückzugs-Gebiet artikuliert, immer kommt es Schmitt entscheidend darauf an, im Politischen das Unabweisbare aufzusuchen und zur Geltung zu bringen: die *objektive Macht* des Feindes, die die Weltgeschichte in Bewegung hält; die Frage, die zu stellen nicht im Belieben des Einzelnen steht, sondern die der Feind *ist*. Im Feind glaubt Schmitt das Werkzeug der Providenz zu erkennen. Die großen politischen Gestaltungen und Gestalten, der Staat, das Reich oder der Partisan, mögen dem »einmaligen« historischen »Anruf« genügen oder ihn verfehlen, sie mögen für eine gewisse Zeit, für *ihre* Zeit, Ordnungen stiften und schließlich scheitern, durch die Feindschaften, die in ihnen wirksam sind und die sie hervorbringen, »wächst der dunkle Sinn unserer Geschichte weiter«.[83] Der Feind verlangt gebieterisch nach einer Antwort. Es

---

82 *Drei Möglichkeiten*, p. 931.
83 *Ex Captivitate Salus*, p. 89/90; *Die geschichtliche Struktur*, p. 147–152, 166; *Drei Möglichkeiten*, p. 930; cf. *Positionen und Begriffe*, p. 239, und *Gespräch über den Partisanen* in: Joachim Schickel (Hrsg.): *Guerilleros, Partisanen. Theorie und Praxis*. München 1970, p. 23. – Seine Schrift *Land und Meer. Eine weltgeschichtliche Betrachtung* beschließt Schmitt 1942 mit der Zuversicht, daß »der neue Nomos unseres Planeten unaufhaltsam und unwiderstehlich« wachse. »Nur im Kampf kann er entstehen. Viele werden darin nur Tod und Zerstörung erblicken. Manche glauben, das Ende der Welt zu erleben. In Wirklichkeit erleben wir nur das Ende des bisherigen Verhältnisses von Land und Meer. Doch die menschliche Angst vor dem Neuen ist oft ebenso groß wie die Angst vor dem Leeren, auch wenn das Neue die Überwindung des Leeren ist. Daher sehen jene Vielen nur sinnlose Unordnung, wo in Wirklichkeit ein neuer Sinn um seine Ordnung ringt. Der alte Nomos freilich entfällt und mit ihm ein ganzes System überkommener Maße, Normen und Verhältnisse. Aber das Kommende ist darum doch noch nicht nur Maß-

gibt kein Entrinnen vor ihm, denn der »echte Feind läßt sich nicht betrügen«. Der Feind ist für Schmitt der Garant des Lebensernstes. Er ist es so sehr, daß Schmitt eher noch der Feind dessen sein will, der keinen Feind hat, als daß er keinen Feind haben will. »Weh dem, der keinen *Feind* hat, denn *ich* werde sein Feind sein am jüngsten Tage.«[84]

losigkeit oder ein nomosfeindliches Nichts. Auch in dem grausamen Krieg alter und neuer Kräfte entstehen gerechte Maße und bilden sich sinnvolle Proportionen. / Auch hier sind Götter und walten / Groß ist ihr Maß.« (Leipzig 1942, p. 76; cf. zweite, veränderte, Auflage, Stuttgart 1954, p. 63.)
84 *Ex Captivitate Salus*, p. 90.

VII

Strauss versteht Schmitts Polemik gegen den Liberalismus als eine »Begleit- oder Vorbereitungsaktion«. Sie »soll das Feld freimachen für den Entscheidungskampf«, der sich allein zwischen den Todfeinden vollzieht, »zwischen dem ›Geist der Technizität‹, dem ›Massenglauben eines antireligiösen Diesseits-Aktivismus‹ [93] und – dem entgegengesetzten Geist und Glauben, der, wie es scheint, noch keinen Namen hat. Zuletzt stehen einander zwei von Grund auf entgegengesetzte Antworten auf die Frage nach dem Richtigen gegenüber, die keine Vermittlung und keine Neutralität zulassen (vgl. die Bemerkung über ›zweigliedrige Antithesen‹ und ›dreigliedrige Schemata‹ oder ›Konstruktionen‹ auf S. 73)« (A 33). Ist der Liberalismus kein wirklicher Feind für Schmitt, Schmitt kein echter Feind des Liberalismus? Gewiß, »*zuletzt* kommt es Schmitt nicht auf den Kampf gegen den Liberalismus an«, aber fällt den Liberalen im Kampf *Glauben* gegen *Glauben* lediglich die Rolle eines »Neutralen« zu, der »die Sicht auf den Feind« beeinträchtigt und mit einer Handbewegung beiseite gewunken wird, »um ein freies Schußfeld zu bekommen« (A 33)? Ist der Liberalismus nicht die treibende Kraft in der breiten Bewegung des »antireligiösen Diesseits-Aktivismus«? Ist er nicht der Protagonist der »großen metaphysischen Konstruktion und Geschichtsdeutung«, welche der Menschheit den linearen Fortschritt »vom Fanatismus zur geistigen Freiheit und Mündigkeit, vom Dogma zur Kritik, vom Aberglauben zur Aufklärung, von der Finsternis zum Licht« (72) verheißt? Steht er nicht im Dienste jener »aktivistischen Metaphysik«, die den Glauben »an das grenzenlose ›Zurückweichen der Naturschranke‹, an grenzenlose Veränderungs- und Glücksmöglichkeiten des natürlichen diesseitigen Daseins der Menschen« (93) auf ihre Fahnen geschrieben hat? In der dritten Fassung des *Begriffs des Politischen* unterstreicht Schmitt das Gewicht, das er dem Liberalismus als Feind des Politischen beimißt. Der Liberalismus figuriert in ihr als der »neue Glaube«, der darauf setzt und alle Anstrengungen unternimmt, um zu erreichen, daß Wirtschaft, Industrie und Technik schließlich Staat, Krieg und Politik »besiegen« (III, 56). »Als das Geburtsjahr dieses neuen Glaubens kann man das Jahr 1814 betrachten, das Jahr, in welchem England über den militärischen Imperialismus Napoleons triumphierte.« Der neue Glaube, das ist die »Wendung zum Ökonomischen«, die Arbeit am Sieg der »industriell-kommerziellen Gesellschaft«, die Ideologie, daß nicht die Politik, sondern die Wirtschaft das Schicksal sei – Walther Rathenau gegen Napoleon Bonaparte.[85] Wie sehr Schmitt den Liberalismus als Feind ernst nimmt, gibt er damit zu erkennen, daß er ihm den Marxismus subsumiert. »Der Marxismus ist nur ein Anwendungsfall der liberalen Denkweise des 19. Jahrhunderts« (III, 55/56). Die Marxisten von heute sind die Bourgeois von übermorgen. Vor die endgültige Aufrichtung des allgemeinen Friedens und der Sicherheit haben Liberalismus wie Marxismus den »letzten Krieg der Menschheit« gesetzt. Beide sind *zuletzt* auf *einen* Glauben zurückzuführen.[86] In der Zusammenfassung von Li-

---

85 »... das vielzitierte Wort von *Walther Rathenau* ..., daß heute nicht die Politik, sondern die Wirtschaft das Schicksal sei. Dieses Wort diente einer auf wirtschaftlichen Positionen beruhenden politischen Macht« (III, 60; cf. 76). 86 III, 55, 58, 61. Cf. *Der Leviathan in der Staatslehre des Thomas Hobbes*, p. 63; *Die letzte globale Linie* in: Völker und Meere, Leipzig 1944, p. 347–349; *Die Einheit der Welt*, p. 2, 7, 8/9; *Nehmen, Teilen, Weiden* (1953) in: *V. A.*, p. 495/496, 503/504. – Der Gegensatz Schmitts zu dem *einen* Glauben, der Liberalismus und Marxismus verbindet, wie die ihm bis in die späten Schriften hinein beigemessene Bedeutung kommen in zwei Aussagen aus den Jahren 1952 und 1959 besonders klar zum Ausdruck: »Die Massen haben eine *Religion der Technizität*, und jeder technische Fortschritt erscheint ihnen zugleich als eine Vervollkommnung des Menschen selbst, als ein direkter Schritt zu dem *irdischen Paradies* der *one world*. Ihr evolutionistisches *Credo* konstruiert eine grade Linie des Aufstiegs der Menschheit. Der Mensch, biologisch und von Natur ein überaus schwaches und hilfsbedürftiges Wesen, schafft sich durch die Technik eine *neue Welt*, in der er das stärkste, ja sogar das *alleinige* Wesen ist. Die gefährliche Frage, bei welchen Menschen sich die ungeheuerliche Macht über andere Menschen konzentriert, die mit dieser Steigerung technischer Mittel notwendig verbunden ist, darf nicht gestellt

beralismus und Marxismus findet Strauss' ausdrücklicher Hinweis auf die Bedeutung »zweigliedriger Antithesen« seine Antwort. Gleichzeitig läßt Schmitt keinen Zweifel daran, daß er, anders als der Marxismus, der dem »liberal-bürgerlichen Gegner auf das Gebiet des Ökonomischen folgt und ihn hier sozusagen in seinem eigenen Land mit seinen eigenen Waffen stellt« (III, 55), die Ebene, auf der er dem Feind begegnet, in einem Akt souveräner Selbstbehauptung von sich her bestimmt: Der Feind wird auf der Ebene des *Glaubens* geortet, er wird im Blick auf seine »Metaphysik« identifiziert. Nicht nur vom »neuen Glauben« ist 1933 die Rede, sondern auch von der »als ›Wissenschaft‹ verkleideten Metaphysik des liberalen 19. Jahrhunderts«, desgleichen vom »vollständigen Inventar« des »liberalen Katechismus«, das sich in Benjamin Constants Schrift über den *esprit de conquête* aus dem Jahre 1814 finde (III, 56, 57, 58). Ihr Verfasser wird nicht länger »der Inaugurator«, er wird jetzt »ein *Kirchenvater* der gesamten liberalen Geistigkeit des 19. Jahrhunderts« genannt.[87] Über Karl Marx wiederum steht zu lesen, er habe den Gedanken, daß die Welt-

werden ... *Östlicher und westlicher Glaube* fließen hier zusammen.« (*Die Einheit der Welt*, p. 8/9. Mit Ausnahme von *one world* und *Credo* meine Hervorhebung.) »Alles, was sich heute auf unserer Erde, im Osten wie im Westen, auf Fortschritt und Entwicklung beruft, enthält in seinem Kern ein konkretes und präzises *Credo*, dessen *Glaubenssätze* lauten: Die industrielle Revolution führt zu einer unermeßlichen Steigerung der Produktion; infolge der Steigerung der Produktion wird das Nehmen altmodisch und sogar kriminell; auch das Teilen ist angesichts des Überflusses kein Problem mehr; es gibt also nur noch Weiden, nur noch das *problemlose Glück des reinen Konsums*. Kriege und Krisen gibt es nicht mehr, weil die entfesselte Produktion nicht mehr partiell und einseitig, sondern total und global sein wird. Mit anderen Worten: Die Menschheit hätte endlich ihre Formel gefunden, so wie die Biene ihre Formel im Bienenkorb gefunden hat. *Die Dinge verwalten sich selbst; die Menschheit begegnet sich selbst;* die Wüstenwanderung der Entfremdung ist zu Ende. In einer *von Menschen* für Menschen – und manchmal leider auch gegen Menschen – *geschaffenen Welt* kann der Mensch *geben* ohne zu *nehmen*.« (*Nomos-Nahme-Name*, p. 102. Mit Ausnahme von *geben* und *nehmen* meine Hervorhebung.)
87 III, 56. Meine Hervorhebung. Schmitt fährt fort: »Seine Abhandlung vom Jahre 1814 enthält schon das ganze geistige Arsenal dieses mit Illusion und Betrug angefüllten Säkulums.«

geschichte eine Geschichte von wirtschaftlichen Klassenkämpfen sei – »was schon manche Historiker und Philosophen gesagt hatten« –, in den »geschichtsphilosophischen Fortschritts- und Entwicklungsgedanken eingefügt und dadurch *ins Metaphysische und zur äußersten politischen Effektivität hinaufgetrieben«.*[88] Der Feind mag erklären, was er will, er mag sich drehen und wenden, wie er will, das Terrain, auf dem ihm Schmitt entgegentritt, ist das Terrain der Politischen Theologie.[89] Hier findet die Auseinandersetzung statt. Und hier gibt es keine »Neutralen«.

Der Kampf auf dem Boden der Politischen Theologie erlaubt Schmitt ein Spiel *à deux mains.* Wie »alle politischen Begriffe« so hat auch die Politische Theologie einen »polemischen Sinn« für Schmitt und, zunächst, eine »konkrete Gegensätzlichkeit im Auge« (31). Schmitt nimmt den Begriff von Bakunin auf, der ihn Mazzini entgegengeschleudert hatte.[90] Von dem russischen Anarchisten im Zeichen des Schlachtrufes »Ni Dieu ni maître« als Anklage gemeint, macht Schmitt ihn sich zu eigen, um das, was ihm als der äußerste Angriff auf Theologie und Politik erscheint, mit der entschiedensten Bejahung beider zu beantworten. Die »konkrete Gegensätzlichkeit«, im Blick auf welche Schmitt seine Position durch den Begriff *Politische Theologie* bestimmt, ist der Gegensatz zu Bakunin, der Gegensatz von Autorität und Anarchie, Offenbarungsglauben und Atheismus, die Verteidigung des Theologischen, des Moralischen und der politischen Idee gegen die Paralysierung »jeder moralischen

---

88 III, 55. Meine Hervorhebung.
89 Der Begriff selbst wird in der zweiten Ausgabe ein einziges Mal erwähnt, und zwar innerhalb der »Rede über das Zeitalter der Neutralisierungen« (p. 89). In der dritten Ausgabe, die das »Zeitalter der Neutralisierungen« nicht mit abdruckt, achtet Schmitt darauf, daß der Begriff an anderer Stelle »beiläufig« vorkommt und so im Buch präsent bleibt (III, 23).
90 *La Théologie politique de Mazzini et l'Internationale.* St. Imier 1871. Bedarf es des ausdrücklichen Hinweises, daß Schmitt nichts über die Herkunft des Begriffes mitteilt und daß er die Leser der *Politischen Theologie,* denen der Zusammenhang zwischen dem Titel der Schrift und dem Namen des Feindes verborgen bleibt, gegen den sie sich am schärfsten wendet, nicht eigens darauf aufmerksam macht? Cf. FN 54.

und politischen Entscheidung in einem paradiesischen Diesseits unmittelbaren, natürlichen Lebens und problemloser
›Leib‹haftigkeit«.[91] Das heißt freilich nicht, daß der Begriff allein oder auch nur in der Hauptsache die Feindschaft zum
Anarchismus »im Auge« hätte, daß er polemisch an sie gebunden wäre. *Politische Theologie* ist die treffende, die einzig angemessene Bezeichnung für *Schmitts Lehre*. Zugleich dient der
Begriff Schmitt als universell einsetzbare *Waffe*. Die Politische
Theologie markiert einerseits Schmitts Ort im politischen Glau-
benskampf, sie ist andererseits das von ihm virtuos genutzte
Instrument, um den Gegner zur Teilnahme an diesem Kampf
zu zwingen. Denn *Politische Theologie* nennt Schmitt keines-

91 *Politische Theologie*, p. 55 (82). »Erst Bakunin gibt dem Kampf gegen die
Theologie die ganze Konsequenz eines absoluten Naturalismus« (p. 55 [81];
cf. p. 45, 49, 56 [64/65, 69, 83/84]). Ans Ende des *Römischen Katholizismus*,
den Schmitt, wie er in der *Politischen Theologie* notiert, »gleichzeitig« mit
dieser »im März 1922« geschrieben hat, stellt Schmitt eine Erwägung zur katholischen Haltung gegenüber dem Anarchismus Bakunins und gegenüber
der Verbindung, die »das klassenkämpferische Industrieproletariat und das
von Europa sich abwendende Russentum« in der »russischen Räterepublik«
eingegangen sind: »Ich weiß, daß in dem russischen Haß gegen die westeuro-
päische Bildung mehr Christentum liegen kann als im Liberalismus und im
deutschen Marxismus, daß große Katholiken den Liberalismus für einen
schlimmeren Feind hielten als den offenen sozialistischen Atheismus und daß
endlich vielleicht in der Formlosigkeit potentiell die Kraft zu einer neuen,
auch das ökonomisch-technische Zeitalter gestaltenden Form liegen könnte.
Sub specie ihrer alles überlebenden Dauer braucht die katholische Kirche
sich auch hier nicht zu entscheiden, auch hier wird sie die complexio alles
Überlebenden sein. Sie ist die Erbin. Aber es gibt trotzdem eine unvermeidliche Entscheidung des gegenwärtigen Tages, der aktuellen Konstellation und
der gegenwärtigen Generation. Hier muß die Kirche, auch wenn sie sich für
keine der kämpfenden Parteien erklären kann, doch tatsächlich auf einer Seite stehen, so, wie sie zum Beispiel in der ersten Hälfte des neunzehnten Jahrhunderts auf der gegenrevolutionären Seite stand. Und hier glaube ich: in jenem Vorpostenkampfe Bakunins waren die katholische Kirche und der katholische Begriff der Humanität auf der Seite von Idee und westeuropäischer Zivilisation, neben Mazzini und nicht neben dem atheistischen Sozialismus des
anarchistischen Russen« 79/80. Zweite Auflage: ». . . näher bei Mazzini als
bei dem atheistischen Sozialismus des anarchistischen Russen«, p. 53). Cf.
Römischer Katholizismus, p. 74–78 (49–51); *Die Diktatur. Von den Anfängen
des modernen Souveränitätsgedankens bis zum proletarischen Klassen-
kampf*. München und Leipzig 1921, p. 147; *Die geistesgeschichtliche Lage*,
p. 79, 83, 87; *Donoso Cortés*, p. 9/10.

wegs nur eine politische Doktrin, die, wie seine eigene, die Verankerung in der Theologie für sich in Anspruch nimmt,[92] vielmehr weiß er »Politische Theologien« auch dort noch aufzuspüren, wo jede Theologie ausdrücklich verworfen, das Politische negiert und alle Politische Theologie für »erledigt« erklärt wird. Weder Leugnung noch Indifferenz eröffnen dem Gegner einen Ausweg, um der Ebene der Politischen Theologie zu entkommen. Die gegnerischen Positionen beruhen entweder auf der Theologie entlehnten »Übertragungen« und »Umbesetzungen«; sie erweisen sich als Formen und Produkte der »Säkularisierung«; sie haben sich durch den Abfall von der christlichen Theologie ins Unrecht gesetzt; oder sie werden als *Metaphysik malgré lui* ausgegeben und auf diese Weise ihrer rationalen oder natürlichen, ihrer geschichtsphilosophisch oder wie immer sonst begründeten möglichen Überlegenheit gegenüber der Position des Offenbarungsglaubens entkleidet.[93] Schmitts Politische Theologie, ihr »integres Wissen« um den »metaphysischen Kern aller Politik«, liefert die theoretische Grundlage für einen Kampf, in dem immer nur Glaube auf Glaube treffen kann. Sie bewährt sich so als Waffe Schmitts und als Strategie zur Entwaffnung des Gegners in einem. Wenn »jede Äußerung im Geistigen, bewußt oder unbewußt, ein – rechtgläubiges

---

92 Cf. *Politische Theologie*, p. 37, 40, 45 (49, 56, 64). – 1950 erklärt Schmitt: »Ich bin nun darüber belehrt worden, daß eine politische Theologie durch das christliche Trinitätsdogma unmöglich geworden sei. Das glaube ich ohne weiteres.« Daß er es *keineswegs* glaubt, demonstriert er mit dem gesamten Buch, in dem dieser Satz steht, *ad oculos* (*Donoso Cortés*, p. 10). Zwanzig Jahre später verteidigt Schmitt die Politische Theologie nicht nur in aller Ausführlichkeit gegen die »Legende von ihrer Erledigung«, sondern er schickt sich an, sie bis in den »Kern der Lehre von der Trinität« selbst voranzutreiben (*Politische Theologie II*, p. 116–123).

93 Schmitt tut es Donoso Cortés gleich, von dem Schmitt sagt, er sehe »in seiner radikalen Geistigkeit immer nur die Theologie des Gegners«. *Politische Theologie*, p. 54 (79). Vergleiche neben den zahlreichen Belegen im Text und in den Fußnoten, die sich beinahe beliebig vermehren ließen: *Politische Romantik*, p. 23, 86, 87, 91, 223; *Die geistesgeschichtliche Lage*, p. 41, 45/46, 64, 89; *Staatsethik und pluralistischer Staat*, *P. u. B.*, p. 135; *Die vollendete Reformation*, p. 52, 61–63; *Politische Theologie II*, p. 34/35, 124–126; *Die legale Weltrevolution* in: Der Staat, 3. Heft 1978, p. 337.

oder häretisches – Dogma zur Prämisse hat«,[94] dann bleibt nur die Entscheidung zwischen Rechtgläubigkeit und Häresie. Wer die Notwendigkeit dieser Entscheidung nicht anerkennt, entscheidet sich ebendamit gegen die Rechtgläubigkeit und gibt sich als Häretiker zu erkennen. Es ist nicht bloßer Ausdruck wohlfeiler Polemik, wenn Schmitt etwa Marx den »Häresiarch des atheistischen Sozialismus« oder den »eigentlichen Kleriker des ökonomischen Denkens« nennt.[95] Es liegt in der Konsequenz der »ontologisch-existenziellen Denkart« Schmitts, wenn er feststellt, daß Bakunin »der Theologe des Anti-Theologischen« werden *mußte*.[96] Und es ist auch keine Paradoxie, Schmitt befindet sich ganz im Gegenteil in vollkommenem Einklang mit seiner Politischen Theologie, wenn er das, was er als »Antireligion der Technizität« (80) bezeichnet, hernach als »Religion der Technizität« (93, 94) angreift. Die Antireligion der Technizität ist eine *Religion* der Technizität, weil und insofern sie *Anti*religion ist. Sie hat eine religiöse Bedeutung. Der »Glaube an die Technik« ist nicht neutral. Ihm liegt die Abkehr von der wahren Religion zugrunde. Sowenig es Bakunin freistand, in der Leibhaftigkeit des paradiesischen Diesseits aufzugehen, sosehr der Atheismus häretischer Glaube sein und bleiben muß, sowenig kann die Entscheidung für oder gegen Gott durch die Flucht in ein »System unbeirrter Sachlichkeit«[97] umgangen werden. Nachdem der Prozeß der Neutralisierungen und Entpolitisierungen bei seinem Ende angelangt ist, stellt sich heraus, daß das Kampffeld, das man an seinem Beginn verlassen wollte, nie wirklich verlassen wurde. Zwar gelang es, den Streit in einer »Stufenfolge wechselnder Zentralgebiete« (80) von der Theologie bis zur Ökonomie scheinbar immer wei-

---

94 *Politische Romantik*, p. 5.
95 *Der unbekannte Donoso Cortés* (1929) in: *Donoso Cortés*, p. 74. Cf. *Die geistesgeschichtliche Lage*, p. 64, 65, 67, 68, 71, 75.
96 *Politische Theologie*, zweite Auflage, p. 84. – In der ersten Auflage lauten die beiden letzten Wörter – es sind zugleich die letzten Wörter der Schrift – noch nicht *werden mußte*, sondern *geworden ist* (p. 56). Cf. *Die Sichtbarkeit der Kirche*, p. 80.
97 *Römischer Katholizismus*, p. 31 (21).

ter an die Peripherie zu verlagern. Sobald jedoch die letzte »Stufe« des Prozesses erreicht ist, sobald der Streit auf die moderne Technik übergreift, die keine andere Neutralität mehr in Aussicht zu stellen vermag als die Neutralität der Waffen, welche sie für den Kampf an die Hand gibt, sobald alle Umwege ausgeschritten, alle Übermalungen abgewaschen sind, kommt in voller Schärfe der Grundtext, die existentielle Entscheidung zwischen Freund und Feind zum Vorschein, und der Kern des Streites tritt zutage. Die Technik läßt offenbar werden, daß nach wie vor, am Ende wie am Anfang der Neutralisierung und Entpolitisierung, Religion gegen Religion steht, Glaube gegen Glaube kämpft und die »Weltgeschichte in Bewegung« bleibt. »Der Geist der Technizität, der zu dem Massenglauben eines antireligiösen Diesseits-Aktivismus geführt hat, ist Geist, vielleicht böser und teuflischer Geist, aber nicht als mechanistisch abzutun und nicht der Technik zuzurechnen.« »Er ist die Überzeugung einer aktivistischen Metaphysik«, deren Glaube »man phantastisch und satanisch nennen kann, aber nicht einfach tot, geistlos oder mechanisierte Seelenlosigkeit« (93). Der Satan hat keine Gewalt über die Providenz, er kann nicht umhin, ihren Zwecken dienstbar zu sein. Die Weltgeschichte ist noch nicht zu Ende. Auch der »Häresiarch des atheistischen Sozialismus« und der »Theologe des Anti-Theologischen« tragen dazu bei, daß ihr »dunkler Sinn weiterwächst«. Den Feinden der Politischen Theologie bleibt keine andere Wahl, als deren Wahrheit zu beglaubigen.

Die Politische Theologie scheint unbesiegbar, sie scheint zum Siegen verurteilt zu sein. Doch was liegt an einem Sieg, wenn die Niederlage ausgeschlossen, wenn, wie ein von Schmitt hoch geschätzter »Theologe« ein Menschenalter vor der *Politischen Theologie* bemerkte, der Sieg im Glauben einem längst im voraus in die Hand gegeben ist? Ist die Tapferkeit, die die Politische Theologie verlangt, die Tapferkeit desjenigen, der zum Kampf antritt, *obgleich* er weiß, daß er bereits gesiegt hat? Aber mit wem muß er kämpfen, gegen wen soll er zuerst antreten? Wo steht der wirkliche Feind? Hinter wel-

chen Masken verbirgt er sich? Wie kann er erkannt werden?
Die Politische Theologie verficht den Primat des Handelns gegenüber der Erkenntnis, weil sie alles unter das Gebot des Gehorsams stellt. Sie bezieht ihre Rechtfertigung als Theorie daraus, daß sie »lebendige Gegensätze belebt und die kämpfenden
Gegner als lebendige Feinde gruppiert«,[98] daß sie im Streit
Glauben gegen Glauben zur Parteinahme zwingt, daß sie dem
»konkreten Anruf der Geschichte« entspricht, indem sie mit einer polemischen Doktrin des Politischen in den Kampf ein-
greift und das Bewußtsein seiner Unentrinnbarkeit wach hält.
Die Politische Theologie hat ihre vordringlichste Aufgabe darin,
alle Kräfte auf die Entscheidung hin zu sammeln, »auf die es
allein ankommt«. Wann, wo und gegen wen diese Entscheidung getroffen werden muß, darüber vermag sie jedoch nichts
auszumachen. Sie kann keine bestimmte Parteinahme festle-
gen, das Handeln nicht »konkret« orientieren, denn die Wege
der Providenz sind unergründlich. Die wichtigste Entscheidung bleibt in jeder Hinsicht Sache des Glaubens. Man könnte
sagen: die Politische Theologie hört hier auf, und der politische
Theologe ist ganz bei sich. Sollte die Entscheidung, die aus dem
glaubenden Gehorsam gegenüber der höchsten Autorität geboren ist, von der Entscheidung, die ihr Sach' auf Nichts gestellt
hat, am Ende nicht zu unterscheiden sein? Für Carl Schmitt
hängt alles von der Antwort auf diese Frage ab.[99] Da seine Politische Theologie auf der Spitze des Glaubens errichtet ist, hat
die *Redlichkeit* die gesamte Last zu tragen. Schwerer noch als
das Gewicht der »theoretischen« und praktischen Entscheidungen, die sie dem politischen Theologen aufbürdet, wiegt
dabei die Entlastung, die sie ihm in ebendenselben Entscheidungen durch die Gewißheit zuteil werden läßt, daß der Gang
des Geschicks immer schon *in Ordnung* und daß *Rettung* der

98 Cf. *Die geistesgeschichtliche Lage*, p. 85.
99 Cf. *Ex Captivitate Salus*, p. 87–89, 52/53; *Politische Romantik*, p. 25, 104.

Sinn aller Weltgeschichte sei.[100] – So trügerisch die vermeintliche Stärke der Politischen Theologie ist, so unübersichtlich ist die Feindlage Schmitts. Der Entscheidungskampf vollzieht sich, wie Strauss feststellt, allein zwischen den Todfeinden. Er scheint gegen den »Massenglauben eines antireligiösen Diesseits-Aktivismus« geführt werden zu müssen (A 33). Aber in welcher Gestalt: in Gestalt des Bolschewismus oder in Gestalt des Liberalismus? Ist der »neue Glaube« der Todfeind, oder hat die »säkulare Auseinandersetzung« mit dem Judentum den Vorrang, das von Anbeginn an leugnete, daß »Jesus der Christus« ist?[101] Wäre es möglich, daß der Antichrist mit dem Nationalsozialismus die Bühne betreten hat, oder wirkt er längst im Verborgenen? Falls die Entscheidungsschlacht noch in ferner Zukunft liegt und es hier und jetzt darauf ankommt, diesseits der eschatologischen Auseinandersetzung, den *Katechon*[102] zu stärken, der den Antichrist für eine unbekannte

---

100 *Über die drei Arten des rechtswissenschaftlichen Denkens*, p. 25/26; *Politische Romantik*, p. 137; *Ex Captivitate Salus*, p. 53; *Land und Meer*, p. 58 (49). Cf. *Drei Möglichkeiten*, p. 928; *Die geschichtliche Struktur*, p. 147; außerdem Schmitts Aussagen über den Krieg als Gottesurteil in *Totaler Feind, totaler Krieg, totaler Staat, P. u. B.*, p. 239, sowie in *Ex Captivitate Salus*, p. 58. Siehe FN 83 und 91.
101 *Disputation über den Rechtsstaat*, p. 86/87; »Eröffnung der wissenschaftlichen Vorträge durch den Reichsgruppenwalter Staatsrat Prof. Dr. Carl Schmitt« in: *Das Judentum in der Rechtswissenschaft*. Ansprachen, Vorträge und Ergebnisse der Tagung der Reichsgruppe Hochschullehrer des NSRB. am 3. und 4. Oktober 1936. Heft 1. *Die deutsche Rechtswissenschaft im Kampf gegen den jüdischen Geist*. Berlin, p. 14 (cf. »Schlußwort«, p. 30, 33, 34); *Die vollendete Reformation*, p. 62/63. Cf. *Der Leviathan in der Staatslehre des Thomas Hobbes*, p. 88/89, 92/93, 108–110; *Land und Meer*, p. 10 (in der 2. Auflage, p. 8, verändert) und p. 67 (2. A., p. 56, wiederum verändert; zu dem, was Disraeli »über Juden- und Christentum gesagt hat«, s. Bruno Bauer: *Disraelis romantischer und Bismarcks sozialistischer Imperialismus*. Chemnitz 1882, p. 53).
102 Zweiter Thessalonicher Brief, II, 6 und 7; Augustinus: *De civitate dei*, XX, 19. »Ich glaube nicht, daß für einen ursprünglich christlichen Glauben ein anderes Geschichtsbild als das des Kat-echon überhaupt möglich ist.« *Der Nomos der Erde*, p. 29. Cf. p. 28–36; *Land und Meer*, p. 11/12, 56 (10, 47); *Beschleuniger wider Willen* in: Das Reich, 19. 4. 1942; *Ex Captivitate Salus*, p. 31; *Drei Möglichkeiten*, p. 929/930; *Verfassungsrechtliche Aufsätze*, p. 385, 428/429; *Politische Theologie II*, p. 81.

Frist niederzuhalten vermag, wie läßt sich der *Aufhalter* vom *Beschleuniger*, wie vom *Beschleuniger wider Willen* unterscheiden? Wenn der Feind unsere eigene Frage als Gestalt ist, ist Schmitts Gestalt nicht »eindeutig« bestimmt?[103] Oder sollte die Identität des politischen Theologen derjenigen seines wirklichen Feindes zum Verwechseln ähnlich sein? – Schmitt hat sich selbst einen *christlichen Epimetheus* genannt.[104] Der christliche Epimetheus glaubt das »Arcanum der Ontologie« zu kennen und zu wissen, daß alle geschichtliche Wahrheit nur einmal wahr ist. Er glaubt zu wissen, daß »jedes menschliche Wort eine Antwort ist«, daß jede Theorie auf einen einmaligen Ruf antwortet, daß die Antwort auf den Anruf der Geschichte »vom Menschen her gesehen nur ein Vorgebot sein kann und meistens sogar nur ein blindes Vorgebot ist«.[105] Schmitt will

103 *Theorie des Partisanen*, p. 87; *Ex Captivitate Salus*, p. 89/90. Cf. *Clausewitz als politischer Denker. Bemerkungen und Hinweise* in: Der Staat, 4. Heft 1967, p. 495, 499. – Das von Schmitt mehrfach ohne Hinweis auf dessen Herkunft verwandte Wort *Der Feind ist unsre eigne Frage als Gestalt*, entstammt dem *Sang an Palermo* des Dichters Theodor Däubler: »Der Feind ist unsre eigne Frage als Gestalt. / Und er wird uns, wir ihn zum selben Ende hetzen.« *Hymne an Italien*, Leipzig 1919, 2. A., p. 65. (S. *Ex Captivitate Salus*, p. 49, 53.)
104 *Ex Captivitate Salus*, p. 12, 53; cf. p. 31. Beachte p. 89 und siehe *Politische Theologie II*, p. 124–126. – Der katholische Schriftsteller Konrad Weiss veröffentlichte 1933 eine christlich-marianische Geschichtsdeutung unter dem Titel *Der christliche Epimetheus* (Verlag Edwin Runge, o. O.), auf die sich Schmitt mit seiner Selbstcharakterisierung bezieht. In einer Anmerkung des *Christlichen Epimetheus* kommt Weiss auf »das politische und publizistische Ansehen des katholischen Rechtslehrers Carl Schmitt« zu sprechen, »dessen Rechtssinn wie ein mystisch-praktisches Integrum erscheint, woran das Ambigene der logisch-humanen und immer zuletzt christlich nicht rekludierbaren Position als an der juristischen Dezision sich umschlagen und in politisch-geschichtliche raumhafte Fruchtbarkeit ausgeleitet werden soll. Dieser Umschlag zwischen Recht und Masse, ›Technik‹ und Kreatur erscheint auch als eine spezifisch-katholische Sinnesform der Gegenwart« (p. 81 n.). In dem Buch des Freundes steht auch der Satz »Rettung ist der gegen jeden Begriff entscheidende Sinn der Geschichte« (p. 47), den sich Schmitt in seiner »weltgeschichtlichen Betrachtung« zu eigen macht und den man als ihren Kern- und Leitsatz bezeichnen kann (*Land und Meer*, p. 58; 2. A., p. 49). Zur Geschichtstheologie von Weiss, die Schmitt stark beeindruckt hat, cf. p. 12, 17, 21, 23, 28/29, 31, 34, 39, 54, 57, 78, 88/89, 101, 105, 109/110, 111.
105 *Die geschichtliche Struktur*, p. 148, 151, 166. Cf. *Drei Möglichkeiten*, p. 930/931; *Der Nomos der Erde*, p. 6, 20.

auch den *Begriff des Politischen* im Sinne eines Vorgebotes verstanden wissen, als Handlung eines christlichen Epimetheus im Stande der Geschichtlichkeit und des Gerichts. Wenn er erklärt, daß »aller Geist nur gegenwärtiger Geist ist« (79), daß »alle Begriffe der geistigen Sphäre, einschließlich des Begriffes Geist, in sich pluralistisch und nur aus der konkreten politischen Existenz heraus zu verstehen« sind (84) und daß »alle politischen Begriffe, Vorstellungen und Worte einen *polemischen* Sinn« haben (31), antwortet er mithin auf einen einmaligen Ruf, den er als Anruf zu vernehmen glaubt.[106] Was den Historismus des christlichen Epimetheus vom Historismus eines Croce oder Collingwood[107] trennt, ist das »integre Wissen« um Sinn und Bestimmung des Dramas, das die Weltgeschichte in Bewegung hält. Was den Historismus Schmitts vom Historismus seiner liberalen Zeitgenossen allein trennt und allerdings trennt, ist Schmitts Glaube.

Leo Strauss hat nicht den Horizont des Glaubens im Auge, wenn er am Ende seiner *Anmerkungen* sagt, die vom Verfasser des *Begriffs des Politischen* »eingeleitete Kritik am Liberalismus« könne »nur dann zur Vollendung kommen, wenn es gelingt, einen Horizont jenseits des Liberalismus zu gewinnen« (A35). Was aber liegt an der Vollendung dieser Kritik, die im Gesichtskreis des Liberalismus selbst nicht zu leisten, die ohne ein grundsätzliches In-Frage-Stellen seiner theoretischen Voraussetzungen nicht möglich ist? Nicht so sehr die Krisis des Liberalismus, der, wie Strauss 1935 bemerkt, »aus teils sehr guten, teils sehr schlechten Gründen neuerdings in Verruf geraten ist«, sondern weit eher der Umstand, daß die »Systematik liberalen Denkens« in Europa »noch durch kein anderes System ersetzt« ist, macht die Auseinandersetzung mit dem Li-

---

106 *Politische Theologie*, p. 55 (82); cf. Vorbemerkung zur zweiten Auflage, p. 7; *Staat, Bewegung, Volk*, p. 17; *Politische Theologie II*, p. 25 und 73.
107 Zu Croce siehe *Die europäische Kultur in Zwischenstadien der Neutralisierung*, p. 517 (cf. *B.d.P.*, 79), zu Collingwood *Die geschichtliche Struktur*, p. 151–154. – Vergleiche die Kritik von Leo Strauss: *On Collingwood's Philosophy of History* in: The Review of Metaphysics, Vol. V, No. 4, June 1952, p. 559–586.

beralismus zur Aufgabe und zum Ausgangspunkt eines Unterfangens, dem es *zuletzt* nicht auf die Kritik am Liberalismus ankommt. Die Kritik der Gegenwart »ist der notwendige Anfang, die beständige Begleitung und das untrügliche Kennzeichen des Suchens der Wahrheit, das in unserem Zeitalter möglich ist«.[108] Der Aufstieg von der Meinung zur Erkenntnis, das Bestreben, sich aus der Höhle der geschichtlichen Existenz zu befreien, um zum Licht eines integren Wissens zu gelangen, das der ursprüngliche Sinn des Philosophierens ist, muß bei den mächtigsten Meinungen der Zeit ansetzen und deren stärkste Vorurteile in Frage stellen. Die Kritik am Liberalismus im allgemeinen und des liberalen Kulturbegriffs im besonderen ist für Strauss so Teil einer Denkbewegung, der durch das aus der Kritik selbst erwachsende Erfordernis, einen weiteren, umfassenderen Horizont jenseits des Liberalismus aufzusuchen, die Richtung gewiesen wird. Strauss bahnt sich seinen Weg des »Rückgangs auf den Ursprung« (A 34) als einen Weg der Wiederbelebung vermeintlich obsoleter, »historisch entschiedener« Kontroversen. Er führt ihn von der Herausforderung der tiefsten Überzeugung der Gegenwart, daß alles Denken, Verstehen und Handeln geschichtlich sei, d. h. keinen anderen Grund habe als die grundlose menschliche Entscheidung oder die Fügung des Geschicks, daß uns mithin jede Möglichkeit verwehrt bleiben müsse, Denker der Vergangenheit so zu verstehen, wie diese sich selbst verstanden, über den Versuch, dem Streit zwischen Aufklärung und Orthodoxie[109] auf

108 Leo Strauss: *Philosophie und Gesetz*, p. 9/10, 13.
109 »Die kritische Nachprüfung der Argumente und Gegenargumente, die in diesem Streite vorgebracht worden sind, führt zu dem Ergebnis, daß von einer Widerlegung der ›äußerlich‹ verstandenen Grundbehauptungen der Tradition nicht die Rede sein kann. Denn alle diese Behauptungen beruhen auf der unwiderleglichen Voraussetzung, daß Gott allmächtig, daß sein Wille unergründlich ist. Ist Gott allmächtig, so sind Wunder und Offenbarung überhaupt, so sind insbesondere die Wunder und die Offenbarung der Bibel möglich ... Aber – obwohl der Angriff der Aufklärung auf die Orthodoxie gescheitert ist, so hat der Kampf der beiden feindlichen Mächte doch ein höchst folgenreiches positives Ergebnis für die Aufklärung gehabt: der Aufklärung ist es, wie man vorläufig sagen darf, gelungen, sich ihrerseits gegen den Angriff

den Grund zu gehen und die in ihm verhandelte Sache wieder aufzunehmen, zur Erneuerung der Querelle des Anciens et des Modernes. Die für eine »radikale Kritik am Liberalismus« geforderte und von Strauss als »dringlich« angesehene Aufgabe, zu einem »angemessenen Hobbes-Verständnis« zu gelangen, die es unverzichtbar macht, den Horizont wiederzugewinnen, in dem Hobbes »die Grundlegung des Liberalismus vollzogen hat« (A 35), mündet folgerichtig in das ungleich schwierigere Unternehmen ein, bis zu jenem »einen Wendepunkt und Wirbel der sogenannten Weltgeschichte«, bis zu Sokrates vorzustoßen, um ein philosophisch angemessenes Verständnis des Begründers der Politischen Philosophie und dessen, was er in Bewegung gesetzt hat, zu erreichen.[110] Die Neuorientierung, die durch die Abkehr von dem Vorurteil eröffnet wurde, daß ein Zurückgehen hinter das moderne Denken ausgeschlossen sei, fand nach Strauss' eigenem Zeugnis »not entirely by accident«

der Orthodoxie zu verteidigen. Mochte sie auch nicht – um ein Beispiel anzuführen, das mehr als ein Beispiel ist – die Unmöglichkeit oder die Unwirklichkeit der Wunder beweisen können: sie konnte die Unerkennbarkeit des Wunders als solchen dartun und sich damit gegen die Ansprüche der Orthodoxie schützen. Was von der aggressiven Kritik der Aufklärung gilt, gilt also nicht von ihrer defensiven Kritik. Durch den Streit zwischen Aufklärung und Orthodoxie wurde klarer und bekannter, als es zuvor gewesen war, daß die Voraussetzungen der Orthodoxie – die Wirklichkeit von Schöpfung, Wunder und Offenbarung – nicht (philosophisch oder historisch) gewußt, sondern nur geglaubt sind, also nicht die eigentümliche Verbindlichkeit des Gewußten haben.« Leo Strauss: *Philosophie und Gesetz*, p. 18, 19/20; cf. p. 13–15. Beachte p. 27/28 und *Liberalism Ancient and Modern*. New York 1968, p. 256. Siehe *Persecution and the Art of Writing*, p. 105–107 und FN 41.
110 *To understand Socrates* ist die zentrale Aufgabe, der sich Strauss in *Natural Right and History* stellt, und das verschwiegene Motto seiner Auseinandersetzung mit den beiden Denkern der Moderne, die den stärksten Einfluß auf ihn ausgeübt haben, mit Nietzsche und Heidegger (*Natural Right and History*. Chicago 1953; cf. die in Kapitälchen gesetzten Eröffnungsworte der Einleitung und der Kapitel III und IV). »Das Problem des Sokrates« ist in jedem der vierzehn Bücher, die Strauss nach 1932 geschrieben hat, gegenwärtig. Es kommt wohl nirgendwo mit einer solchen Eindringlichkeit und so fern von aller Konvention zur Sprache wie in Strauss' Spätwerk: *Socrates and Aristophanes*. New York 1966; *Xenophon's Socratic Discourse*. Ithaca 1970; *Xenophon's Socrates*. Ithaca 1972.

in den *Anmerkungen* ihren ersten Ausdruck.[111] Die Frage des
Sokrates war dabei *von Anbeginn an* die entscheidende, die
fundamentale Frage für Strauss. Von ihr geleitet, ist das »theologisch-politische Problem *das* Thema« seiner Untersuchungen geblieben. Die Frage nach dem Einen, was not tut, bestimmt ihn, sich mit den Antworten wie mit den Ansprüchen
von Theologie und Politik immer aufs neue auseinanderzuset-
zen: mit ihren *Antworten*, weil die Politische Philosophie den
Streit über das Richtige suchen muß und die Konfrontation mit
den Alternativen nicht fliehen darf, wenn anders sie ihre eigene Kraft und Stärke beim Versuch, die Frage nach der Ordnung
der menschlichen Dinge zusammenhängend und umfassend
zu beantworten, zur vollen Entfaltung bringen soll; mit ihren
Ansprüchen, weil die Politische Philosophie immer auch politische Philosophie, politisches Handeln im Dienst der Philosophie, Schutz und Verteidigung des philosophischen Lebens war
und sein muß.[112] Nicht trotzdem, sondern weil die Politik nicht

111 Preface to the English translation in *Spinoza's Critique of Religion*, p. 31;
wiederabgedruckt in *Liberalism Ancient and Modern*, p. 257. Siehe neben
diesem langen Vorwort aus dem Jahre 1962, über das Strauss in einem Brief
an Alexandre Kojève sagt: »It comes as close to an autobiography as is possible within the limits of propriety« (29. Mai 1962, Leo Strauss Papers, Box 4,
Folder 11), das deutsch geschriebene Vorwort zu *Hobbes' politische Wissenschaft*, p. 7/8 und *A Giving of Accounts* in: The College, Annapolis, Vol. 22,
No. 1, April 1970, p. 2–4, ferner *An Unspoken Prologue to a Public Lecture
at St. John's* in: Interpretation, A Journal of Political Philosophy, Vol. 7, No. 3,
September 1978, p. 2.
112 Das Nachdenken über die »Kunst des sorgfältigen Schreibens«, deren
Wiederentdeckung und Neubelebung in unserem Jahrhundert mit dem Namen Leo Strauss verbunden ist, hat seinen Ort zunächst in diesem Zusammenhang. Zur Charakterisierung der Politik der Philosophen sei eine Aussage über Alfarabi angeführt, durch die Strauss' eigene Politik besonders gut
gekennzeichnet wird. Sie steht in der Einleitung zu *Persecution and the Art
of Writing* (p. 17) und lautet: »We may say that Fārābī's Plato eventually replaces the philosopher-king who rules openly in the virtuous city, by the secret
kingship of the philosopher who, being ›a perfect man‹ precisely because he
is an ›investigator‹, lives privately as a member of an imperfect society which
he tries to humanize within the limits of the possible. Fārābī's remarks on
Plato's policy define the general character of the activity of the *falāsifa*.« Im
Vorwort gibt Strauss dem Leser einen Hinweis, der in seinem Œuvre ohne
Gegenstück ist: »For the Introduction I have made free use of my article

Alles und weil nicht alles Glaube ist, gebührt dem Politischen und gebührt der Religion die besondere Aufmerksamkeit der Politischen Philosophie. – Sosehr das Politische von zentraler Bedeutung für das Denken von Leo Strauss ist, sowenig trifft dies für den Feind oder die Feindschaft zu. Die Feindschaft berührt nicht den Kern seiner Existenz, und seine Identität gewinnt ihre Gestalt nicht im Kampf mit dem Feind. Sehr viel mehr sagen über sie die Freunde aus, die er sich gewählt hat, und sichtbar wird sie nirgendwo anders als in seiner Philosophie.

›Fârâbî's *Plato*‹ (*Louis Ginzberg Jubilee Volume*, American Academy for Jewish Research, New York, 1945, 357–393).« Der Aufsatz, auf den Strauss verweist, ist einer seiner bedeutendsten und einer der hilfreichsten für das Verständnis seines philosophischen Projektes. Die zitierte Stelle lautet dort (p. 384): »We may say that Fârâbî's Plato replaces Socrates' philosopher-king who rules openly in the perfect city by the secret kingship of the philosopher who lives privately as a member of an imperfect community. That kingship is exercised by means of an exoteric teaching which, while not too flagrantly contradicting the accepted opinions, undermines them in such a way as to guide the potential philosophers toward the truth. Fârâbî's remarks on Plato's own policy define the general character of all literary productions of ›the philosophers‹.« Mag die »philosophische Politik« (*On Tyranny*, p. 220/221) für die Praxis der exoterisch-esoterischen Schreibweise im Vordergrund stehen, ihre tiefste Begründung hat die »Kunst des sorgfältigen Schreibens« nicht in der politischen, sondern in der philosophischen Intention derjenigen, die sich ihrer bedienen. Man wird ihrer nicht im Lichte des *polémios* ansichtig. Den Zugang erschließt allein der *éros*. (*Persecution and the Art of Writing*, p. 36; *What Is Political Philosophy?* p. 40; *Thoughts on Machiavelli*. Glencoe, Illinois 1958, p. 299; *Liberalism Ancient and Modern*, p. 8.)

LEO STRAUSS

Anmerkungen zu
Carl Schmitt, Der Begriff des Politischen

I.

Die Abhandlung Schmitts[1] steht im Dienst der Frage nach der [1] »Ordnung der menschlichen Dinge« (95), d. i. nach dem Staat. Angesichts der Tatsache, daß der Staat in der Gegenwart so fragwürdig geworden ist wie mindestens seit Jahrhunderten nicht (23 f.), fordert das Verständnis des Staates eine radikale Grundlegung, »eine einfache und elementare Darlegung« dessen, was der Grund des Staates ist, und das heißt: des Politischen; denn »der Begriff des Staates setzt den Begriff des Politischen voraus« (20).

Diese These, mit der die Untersuchung über den Begriff des [2] Politischen eröffnet wird, muß gemäß den allgemeinen Verständnisprinzipien Schmitts selbst verstanden werden. Diesen Prinzipien zufolge kann der Satz: »das Politische ist früher als der Staat« nicht eine ewige Wahrheit, sondern nur eine gegenwärtige Wahrheit zum Ausdruck bringen wollen. Denn »aller Geist (ist) nur gegenwärtiger Geist« (79); »alle Begriffe der geistigen Sphäre, einschließlich des Begriffes Geist, sind in sich pluralistisch und nur aus der konkreten politischen Existenz heraus zu verstehen« (84); »alle politischen Begriffe, Vorstellungen und Worte (haben) einen polemischen Sinn; sie haben eine konkrete Gegensätzlichkeit im Auge, sind an eine konkrete Situation gebunden ...« (31). Gemäß diesen Grundsätzen muß gefragt werden: Inwiefern nötigt die gegenwärtige Situation dazu, im Politischen den Grund des Staates zu erkennen?

---

1 Der Begriff des Politischen. Mit einer Rede über das Zeitalter der Neutralisierungen und Entpolitisierungen neu herausgegeben von Carl Schmitt, München und Leipzig 1932. – Die oben in Klammern angegebenen Ziffern bezeichnen die Seitenzahlen dieser Schrift. [Vom Herausgeber durch die entsprechenden Seitenzahlen der Ausgabe von 1963 ersetzt.]

Gegenüber welchem Gegner tritt das Politische als Grund des Staates hervor?

[3]   Die gegenwärtige Situation ist dadurch gekennzeichnet, daß ein dreihundertjähriger Prozeß »an seinem Ende angelangt« ist (94). Das Zeitalter, an dessen Ende wir stehen, ist »das Zeitalter der Neutralisierungen und Entpolitisierungen«. Die Entpolitisierung ist nicht nur das zufällige oder auch notwendige Resultat der modernen Entwicklung, sondern ihr ursprüngliches und eigentliches Ziel; die Bewegung, in welcher der moderne Geist seine größte Wirksamkeit gewonnen hat, der Liberalismus, ist eben durch die *Negation* des Politischen gekennzeichnet (68 ff.). Ist der Liberalismus nunmehr unglaubwürdig geworden, muß ihm daher ein »anderes System« entgegengestellt werden, so ist jedenfalls das erste Wort gegen den Liberalismus: die *Position* des Politischen. Und wenn der Liberalismus durch die Negation des Politischen die Begründung des Staates, oder genauer: die Herstellung des vernunftgemäßen Zusammenlebens, zu bewerkstelligen glaubte, so drängt sich nunmehr, nach dem Scheitern des Liberalismus, der Gedanke auf, daß nur von der Position des Politischen aus der Staat verstanden werden könne. So ist also Schmitts Grundthese ganz und gar durch die Polemik gegen den Liberalismus bedingt; sie ist nur als polemisch, nur »aus der konkreten politischen Existenz heraus zu verstehen«.

[4]   Schmitts Aufgabe ist durch das Faktum des Scheiterns des Liberalismus bestimmt. Mit diesem Scheitern hat es folgende Bewandtnis: Der Liberalismus hat das Politische negiert; er hat es damit aber nicht aus der Welt geschafft, sondern nur verdeckt; er hat dazu geführt, daß vermittelst einer antipolitischen Redeweise – Politik getrieben wird. Der Liberalismus hat also nicht das Politische, sondern nur das Verständnis des Politischen, die Aufrichtigkeit hinsichtlich des Politischen getötet (65 ff.). Um die durch den Liberalismus herbeigeführte Vernebelung der Wirklichkeit zu beseitigen, muß das Politische als solches und als schlechterdings unnegierbar herausgestellt werden. Das Politische muß aus seiner durch den Liberalismus

verschuldeten Verdecktheit zuerst einmal ans Tageslicht gezogen werden, damit die Frage nach dem Staat ernstlich gestellt werden kann.

Es ist also nicht damit getan, daß das Scheitern des Libera- [5] lismus als ein Faktum festgestellt wird; daß gezeigt wird, wie der Liberalismus sich selbst in jeder politischen Handlung ad absurdum führt; daß darauf hingewiesen wird, »daß alle guten Beobachter ... daran verzweifelten, hier (sc. im Liberalismus) ein politisches Prinzip oder eine gedankliche Konsequenz zu finden« (69). Es genügt auch nicht die Einsicht, daß die offenbare Inkonsequenz jeder liberalen Politik die notwendige Konsequenz der grundsätzlichen Negation des Politischen ist (69). Es kommt vielmehr darauf an, die in der Inkonsequenz aller liberalen *Politik* sich bekundende »erstaunlich konsequente Systematik liberalen *Denkens*« durch ein »anderes System« (70) zu ersetzen, durch ein System nämlich, welches das Politische nicht negiert, sondern zur Anerkennung bringt.

Schmitt ist sich dessen bewußt – und dies allein genügt, um [6] die Bedeutung seiner Anstrengungen zu kennzeichnen; denn er steht mit diesem Bewußtsein unter den Gegnern des Liberalismus, die gewöhnlich eine ausgearbeitete illiberale Doktrin in der Tasche tragen, ganz allein –, daß die »erstaunlich konsequente ... Systematik liberalen Denkens« »trotz aller Rückschläge, heute in Europa noch durch kein anderes System« ersetzt ist (70). Damit deutet Schmitt auf die grundsätzliche Schwierigkeit auch *seiner* Untersuchung hin. Denn wenn es wahr ist, daß die »Systematik liberalen Denkens« »heute in Europa noch durch kein anderes System« ersetzt ist, so steht zu erwarten, daß auch er genötigt ist, in der Darlegung seiner Ansichten von Elementen des liberalen Denkens Gebrauch zu machen. Daraus ergibt sich die Vorläufigkeit der Schmittschen Aufstellungen. Schmitt spricht es selbst aus: er will nicht mehr als »ein unermeßliches Problem theoretisch ›*encadrieren*‹«; die Thesen seiner Schrift »sind als *Ausgangspunkt* einer sachlichen Erörterung gedacht« (96). Für den Kritiker erwächst hieraus die Pflicht, mehr auf das hinzuhören, worin sich

Schmitt von der herrschenden Ansicht unterscheidet, als auf das, worin er bloß der herrschenden Ansicht folgt.

II.

[7] Schmitt verzichtet ausdrücklich darauf, eine »erschöpfende Definition« des Politischen zu geben (26). Er versteht die Frage nach dem »*Wesen* des Politischen« (20) von vornherein als Frage nach dem *Spezifischen* des Politischen (21 und 26 f.). Gewiß nicht deshalb, weil er die Frage nach dem Genus, innerhalb dessen die spezifische Differenz des Politischen bestimmt werden muß, für schon beantwortet oder gar für gleichgültig hält, sondern gerade auf Grund eines tiefen Verdachts gegen die heute nächstliegende Antwort: er bahnt sich den Weg zu einer ursprünglichen Antwort auf die Frage nach dem Genus, indem er am Phänomen des Politischen die nächstliegende Antwort ad absurdum führt. Die trotz aller Anfechtungen auch heute noch nächstliegende, eigentlich liberale Antwort auf die Frage nach dem Genus, innerhalb dessen die Eigenart des Politischen und damit des Staates zu bestimmen ist, lautet: dieses Genus ist die »*Kultur*«, d. h. die Totalität »menschlichen Denkens und Handelns«, die sich gliedert in »verschiedene, relativ selbständige Sachgebiete« (26), in »Kulturprovinzen« (Natorp). Im Gesichtskreis dieser Antwort würde Schmitt verbleiben, wenn er, wie es zunächst den Anschein hat, sagen würde: so wie »auf dem Gebiet des Moralischen die letzten Unterscheidungen Gut und Böse sind; im Ästhetischen Schön und Häßlich; im Ökonomischen Nützlich und Schädlich«, ebenso ist die »spezifisch politische Unterscheidung ... die Unterscheidung von Freund und Feind« (26). Diese Neben- und Gleichordnung des Politischen mit anderen »Kulturprovinzen« wird indessen ausdrücklich verworfen: die Unterscheidung von Freund und Feind ist »jenen anderen Unterscheidungen ... *nicht gleichwertig und analog*«; das Politische bezeichnet *kein* »eigenes neues

Sachgebiet« (27). Damit ist gesagt: das Verständnis des Politischen impliziert eine grundsätzliche Kritik zum mindesten des herrschenden Kulturbegriffs.

Diese Kritik bringt Schmitt nicht überall zum Ausdruck. [8] Auch er spricht – der Sprechweise einer ganzen Literatur folgend – gelegentlich von den »verschiedenen, relativ selbständigen Sachgebieten menschlichen Denkens und Handelns« (26) oder von den verschiedenen »Sphären menschlichen Lebens und Denkens« (66). An einer Stelle (71) drückt er sich so aus, daß ein oberflächlicher Leser den Eindruck gewinnen könnte: Schmitt wolle, nachdem der Liberalismus die Autonomie des Ästhetischen, der Moral, der Wissenschaft, der Wirtschaft usw. zur Anerkennung gebracht habe, nunmehr seinerseits gegen den Liberalismus, aber doch in Fortsetzung der liberalen Autonomiebestrebungen die Autonomie des Politischen zur Anerkennung bringen. Wie wenig dies Schmitts Meinung ist, zeigen freilich schon die Anführungszeichen, mit denen er das Wort »Autonomie« in dem Ausdruck »Autonomie der verschiedenen Gebiete des menschlichen Lebens« versieht. Deutlicher wird es in seiner Hervorhebung der »*Selbstverständlichkeit*«, mit welcher der Liberalismus »die ›Autonomie‹ der verschiedenen Gebiete des menschlichen Lebens nicht nur anerkennt, sondern zur Spezialisierung und sogar zur völligen Isolierung übertreibt« (71). Vollends deutlich wird der Abstand Schmitts vom herrschenden Kulturbegriff in folgender indirekten Kennzeichnung des Ästhetischen: »der Weg vom Metaphysischen und Moralischen zum Ökonomischen geht über das Ästhetische, und der Weg über den noch so sublimen ästhetischen Konsum und Genuß ist der sicherste und bequemste Weg zur allgemeinen Ökonomisierung des geistigen Lebens ...« (83); denn der herrschende Kulturbegriff schließt in jedem Fall die Anerkennung des autonomen Wertes des Ästhetischen ein, gesetzt, er werde nicht gerade durch diese Anerkennung überhaupt erst konstituiert. Von hier aus ergibt sich mindestens die Forderung, daß der herrschende Kulturbegriff durch einen anderen Kulturbegriff ersetzt werde. Und zwar wird diese Ersetzung auf der Einsicht in das Spezifische des Politischen fußen müssen.

[9]   Schmitt verzichtet, wie wir gesehen haben, ausdrücklich auf eine »erschöpfende Definition« des Politischen. Davon ausgehend, daß die »verschiedenen, relativ selbständigen Sachgebiete menschlichen Denkens und Handelns« (das Moralische, das Ästhetische, das Ökonomische usw.) ihre »eigenen Kriterien« haben, durch die sie in ihrer relativen Selbständigkeit konstituiert werden, fragt er nach dem »Kriterium des Politischen«. Die in Rede stehenden Kriterien haben den Charakter »letzter Unterscheidungen«, genauer: letzter »Gegensätze«. So ist das Kriterium des Moralischen der Gegensatz Gut-Böse, das Kriterium des Ästhetischen der Gegensatz Schön-Häßlich usw. In Orientierung an diesem allgemeinen Verhältnis bestimmt Schmitt als »die spezifisch politische Unterscheidung ... die Unterscheidung von Freund und Feind« (26 f.). Dabei ist unter »Feind« – und also auch unter »Freund« – immer nur der *öffentliche* Feind (Freund), »eine wenigstens eventuell, d.h. der realen Möglichkeit nach kämpfende *Gesamtheit* von Menschen, die einer ebensolchen Gesamtheit gegenübersteht«, zu verstehen (29). Von den beiden Momenten des Gesichtspunktes Freund-Feind hat nun das Feind-Moment offenbar den Vorrang, wie schon daraus hervorgeht, daß Schmitt bei der näheren Erklärung dieses Gesichtspunktes eigentlich nur von dem spricht, was »Feind« bedeutet (vgl. 27, 29 und 32 f.). Man kann sagen: jede »Gesamtheit von Menschen« sieht sich erst darum nach Freunden um, sie *hat* erst darum Freunde, weil sie je schon Feinde hat; »in der Bezugnahme auf eine konkrete *Gegensätzlichkeit* (ist) das Wesen politischer Beziehungen enthalten« (30). »Feind« hat darum den Vorrang vor »Freund«, weil »zum Begriff des Feindes« – und nicht schon zum Begriff des Freundes als solchen – »die im Bereich des Realen liegende Eventualität eines Kampfes« gehört (33) und von der Eventualität des Krieges, vom »Ernstfall«, von der »extremsten Möglichkeit« her »das Leben der Menschen seine spezifisch *politische* Spannung« gewinnt (35). Die Möglichkeit des Krieges

konstituiert aber nicht bloß das Politische als solches; der Krieg ist nicht bloß »das extremste politische Mittel«, er ist der Ernstfall nicht bloß innerhalb eines »autonomen« Bereiches – des Bereiches eben des Politischen –, sondern der Ernstfall für den Menschen schlechthin, weil er »auf die reale Möglichkeit der *physischen Tötung* Bezug« hat und behält (33); diese für das Politische konstitutive Ausrichtung zeigt, daß das Politische *fundamental* und nicht ein »relativ selbständiges Sachgebiet« neben anderen ist. Das Politische ist das »Maßgebende« (39). So ist es zu verstehen, daß das Politische dem Moralischen, dem Ästhetischen, dem Ökonomischen usw. »nicht gleichwertig und analog« ist (26).

Diese Bestimmung des Politischen steht im engsten Zusammenhang mit der von Schmitt angedeuteten Kritik des herrschenden Kulturbegriffs. Diese Kritik stellt die »Autonomie« der verschiedenen »Sachgebiete menschlichen Denkens und Handelns« in Frage. Dem herrschenden Kulturbegriff zufolge sind aber nicht erst die einzelnen »Kulturprovinzen« im Verhältnis zueinander, sondern ist zuvor schon die Kultur als Ganzes »autonom«, die souveräne Schöpfung, die »reine Erzeugung« des menschlichen Geistes. Durch diese Auffassung wird in Vergessenheit gebracht, daß »Kultur« immer etwas voraussetzt, das kultiviert wird: Kultur ist immer *Kultur der Natur.* Das bedeutet ursprünglich: die Kultur bildet die natürlichen Anlagen aus; sie ist sorgfältige Pflege der Natur – einerlei ob des Erdbodens oder des menschlichen Geistes –; sie *gehorcht* eben damit den Anweisungen, welche die Natur selbst gibt. Es kann aber auch bedeuten: durch Gehorsam gegenüber der Natur die Natur *besiegen* (parendo vincere nach dem Wort Bacons); dann ist die Kultur nicht so sehr treue Pflege der Natur als harter und listiger Kampf *wider* die Natur. Ob die Kultur als Pflege der Natur oder als Kampf mit der Natur verstanden wird, hängt davon ab, wie die Natur verstanden ist: ob als vorbildliche Ordnung oder als zu beseitigende Unordnung. Wie immer aber die Kultur verstanden wird – in jedem Fall ist »Kultur« Kultur der Natur. »Kultur« ist so sehr Kultur der Natur,

[10]

daß sie nur dann als souveräne Schöpfung des Geistes verstanden werden kann, wenn die Natur, die kultiviert wird, als *Gegensatz* des Geistes vorausgesetzt und *vergessen* worden ist. Da wir nun unter »Kultur« vorzüglich die Kultur der *menschlichen* Natur verstehen, so ist die Voraussetzung der Kultur vorzüglich die menschliche Natur, und, da der Mensch seiner Natur nach ein animal sociale ist, so ist die der Kultur zugrundeliegende menschliche Natur das natürliche Zusammenleben der Menschen, d. h. die Art und Weise, wie sich der Mensch vor aller Kultur zu den anderen Menschen verhält. Der Terminus für das so verstandene natürliche Zusammenleben heißt: status naturalis. Man kann also sagen: das Fundament der Kultur ist der status naturalis.

[11]   Im Sinn des spezifisch modernen Kulturbegriffs – es bleibe hier dahingestellt, ob man überhaupt von einem anderen als dem *modernen* Kulturbegriff in strenger Rede sprechen kann – hat *Hobbes* den status civilis, der die Voraussetzung jeder Kultur i. e. S. (d. h. jeder Pflege der Künste und Wissenschaften) ist und der selbst bereits auf einer bestimmten Kultur, nämlich auf einer Disziplinierung des menschlichen Willens, beruht, als *Gegensatz* des status naturalis verstanden. Wir sehen hier davon ab, daß Hobbes das Verhältnis von status naturalis und Kultur (im weitesten Sinn) als Gegensatz auffaßt; wir heben hier nur die Tatsache hervor, daß Hobbes den status naturalis als den status belli schlechthin kennzeichnet, wobei zu bedenken ist, daß »the nature of war, consisteth *not in actual fighting*; but in the known *disposition* thereto« (Leviathan XIII). Das bedeutet in Schmitts Terminologie: der status naturalis ist der eigentlich *politische* Stand; denn auch nach Schmitt liegt »das Politische ... *nicht im Kampf selbst* ...«, sondern in einem von dieser realen *Möglichkeit* bestimmten Verhalten ...« (37). Es ergibt sich so: das von Schmitt als fundamental zur Geltung gebrachte Politische ist der aller Kultur zugrundeliegende »Naturstand«; Schmitt bringt den Hobbesschen Begriff des Naturstandes wieder zu Ehren (s. 59). Damit beantwortet sich auch die Frage nach dem Genus, innerhalb

dessen die spezifische Differenz des Politischen zu bestimmen ist: das Politische ist ein *status* des Menschen; und zwar ist es *der* status als der »natürliche«, als der fundamentale und extreme status des Menschen.

Der Naturzustand wird von Schmitt allerdings grundsätzlich anders bestimmt als von Hobbes. Für Hobbes ist er der Stand des Krieges von Individuen – für Schmitt ist er der Stand des Krieges von Gruppen (insbesondere von Völkern). Für Hobbes ist im Naturstand jeder jedes anderen Feind – für Schmitt ist alles politische Verhalten ausgerichtet auf *Freund* und Feind. Diese Differenz hat ihren Grund darin, daß Hobbes' Bestimmung des Naturstandes *polemisch* gemeint ist: die Tatsache, daß der Naturstand der Stand des Krieges aller gegen alle ist, soll ja die Preisgabe des Naturstandes motivieren. Dieser Negation des Naturstandes oder des Politischen stellt Schmitt die Position des Politischen entgegen. [12]

Von einer totalen Negation des Politischen ist freilich bei Hobbes keine Rede; zum mindesten besteht seiner Lehre zufolge im Verhältnis zwischen den Nationen der Naturstand fort. Und so braucht Hobbes' Polemik gegen den Naturstand als den Stand des Krieges von *Individuen,* die sich Schmitt, wie seine ausdrücklich Hobbes folgende Bemerkung über das Verhältnis von Schutz und Gehorsam (53; vgl. auch 46 f.) zeigt, implicite zu eigen macht, nicht das Politische im Sinn Schmitts, d. h. den »natürlichen« Charakter der Beziehungen menschlicher *Verbände* in Frage zu stellen. Indessen gehört es nach Schmitt zum Wesen des politischen Verbandes, daß er »von Angehörigen des eigenen Volkes *Todesbereitschaft* ... verlangen« kann (46); und die Berechtigung dieses Anspruchs wird von Hobbes zum mindesten eingeschränkt: wer in der Schlacht aus Furcht für sein Leben die Reihen verläßt, handelt »nur« unehrenhaft, aber nicht ungerecht (Lev. XXI). Berechtigtermaßen kann der Staat vom einzelnen nur einen *bedingten* Gehorsam verlangen, nämlich einen Gehorsam, der mit der Rettung oder Erhaltung des Lebens dieses einzelnen nicht in Widerspruch steht; denn die Sicherung des Lebens ist der letzte Grund des Staates. Da- [13]

her ist der Mensch zwar im übrigen zu unbedingtem Gehorsam verpflichtet, aber nicht zum Einsatz seines Lebens; ist doch der Tod das größte Übel. Hobbes schreckt nicht vor der Konsequenz zurück, den Tugendcharakter der Tapferkeit ausdrücklich zu leugnen. (De homine XIII 9). Dieselbe Gesinnung verrät sich in seiner Bestimmung der salus populi: die salus populi besteht 1. in der Verteidigung gegen den äußeren Feind; 2. in der Erhaltung des Friedens im Innern; 3. in der gerechten und bescheidenen Bereicherung der einzelnen, die viel eher durch Arbeit und Sparsamkeit als durch siegreiche Kriege erreicht, die insbesondere durch die Pflege der Mechanik und der Mathematik gefördert wird; 4. im Genuß unschädlicher Freiheit (De cive XIII 6 und 14). Diese Prinzipien müssen, sobald die »Menschheit« Subjekt oder Objekt des Planens wird, zum Ideal der Zivilisation führen, d. h. zur Forderung des vernunftgemäßen Zusammenlebens der Menschheit als *einer* »Konsum- und Produktivgenossenschaft« (58). Hobbes ist in viel höherem Grad als etwa Bacon der Urheber des Ideals der Zivilisation. Er ist eben damit der Begründer des Liberalismus. Das Recht auf Sicherung des nackten Lebens, in dem das Naturrecht des Hobbes beschlossen ist, hat vollständig den Charakter eines unveräußerlichen Menschenrechts, d. h. eines dem Staat vorangehenden, seinen Zweck und seine Grenzen bestimmenden *Anspruchs* der einzelnen; Hobbes' Begründung des naturrechtlichen Anspruchs auf die Sicherung des nackten Lebens legt den Fortgang zu dem ganzen System der Menschenrechte im Sinn des Liberalismus nahe, gesetzt, daß sie ihn nicht sogar erforderlich macht. Hobbes unterscheidet sich vom ausgebildeten Liberalismus nur dadurch und allerdings dadurch, daß er weiß und sieht, *wogegen* das liberale, zivilisatorische Ideal durchzukämpfen ist: nicht bloß gegen verderbte Einrichtungen, gegen den bösen Willen einer herrschenden Schicht, sondern gegen die natürliche Bosheit des Menschen; er setzt in einer illiberalen Welt wider die – sit venia verbo – illiberale Natur des Menschen die Grundlegung des Liberalismus durch, während die Späteren, unwissend über ihre

Voraussetzungen und Ziele, auf die in Gottes Schöpfung und Vorsehung begründete ursprüngliche Güte der menschlichen Natur vertrauen oder auf Grund naturwissenschaftlicher Neutralität Hoffnungen auf eine Verbesserung der Natur hegen, zu denen die Erfahrung des Menschen über sich selbst kein Recht gibt. Hobbes versucht, *angesichts* des Naturstandes den Naturstand zu überwinden, in den Grenzen, in denen er sich überwinden läßt, während die Späteren sich einen Naturstand erträumen oder auf Grund einer vermeintlich tieferen Einsicht in die Geschichte und damit in das Wesen des Menschen den Naturstand vergessen. Aber – diese Gerechtigkeit darf man den Späteren nicht versagen – jenes Erträumen und dieses Vergessen sind zuletzt nur die Folge der Negation des Naturstandes, der Position der Zivilisation, die von Hobbes eingeleitet worden ist.

Wenn es wahr ist, daß das schließliche Selbstbewußtsein [14] des Liberalismus die Kulturphilosophie ist, so dürfen wir zusammenfassend sagen: Der Liberalismus, geborgen und befangen in einer Welt der Kultur, vergißt das Fundament der Kultur, den Naturstand, d. h. die menschliche Natur in ihrer Gefährlichkeit und Gefährdetheit. Schmitt geht wider den Liberalismus auf dessen Urheber, auf Hobbes, zurück, um in Hobbes' ausdrücklicher Negation des Naturstandes die Wurzel des Liberalismus zu treffen.[1] Während Hobbes in einer illiberalen Welt die Grundlegung des Liberalismus vollzieht, unternimmt Schmitt in einer liberalen Welt die Kritik des Liberalismus.

---

1 Schmitt hatte in der ersten Fassung dieser Abhandlung Hobbes als »weitaus den größten und vielleicht den einzigen wahrhaft systematischen politischen Denker« bezeichnet (Archiv für Sozialwissenschaft und Sozialpolitik, Bd. 58, S. 25). Nunmehr spricht er von ihm nur noch als von »einem großen und wahrhaft systematischen politischen Denker« (64). In Wahrheit ist er *der* antipolitische Denker (»politisch« in Schmitts Sinn verstanden).

III.

[15]   Der liberalen Negation des Politischen stellt Schmitt die Position des Politischen entgegen, d. h. die Anerkennung der Wirklichkeit des Politischen. Die Position des Politischen ist Schmitts ausdrücklicher Meinung nach indifferent dagegen, ob man das Politische für wünschenswert oder für verabscheuungswürdig hält: sie »ist weder bellizistisch oder militaristisch, noch imperialistisch, noch pazifistisch« gemeint (33). Schmitt will nur erkennen, *was ist*. Das bedeutet nicht, daß er seine Darlegungen für »wertfrei« hält, daß er, sei es um die Wissenschaftlichkeit seiner Untersuchung, sei es um die Freiheit der persönlichen Entscheidung besorgt, alle Möglichkeiten der wertenden Stellungnahme zum Politischen offenlassen will. Vielmehr liegt ihm gerade daran, alle derartigen Möglichkeiten zu verschließen: das Politische *kann* gar nicht gewertet, an einem Ideal gemessen werden; auf das Politische angewandt, sind *alle* Ideale nichts anderes als »Abstraktionen«, sind *alle* »Normativitäten« nichts anderes als »Fiktionen« (49f. und 28f.). Denn das Politische wird konstituiert durch den Bezug »auf die reale Möglichkeit der physischen Tötung« von Menschen durch Menschen (33); und »es gibt keinen rationalen Zweck, keine noch so richtige Norm, kein noch so vorbildliches Programm, kein noch so schönes soziales Ideal, keine Legitimität oder Legalität, die es rechtfertigen könnte, daß Menschen sich gegenseitig dafür töten« (49f.).

[16]   Die Position des Politischen hat zur Folge die *unpolemische* Beschreibung des Politischen. Als solche tritt sie Hobbes' polemischer Beschreibung des Naturstandes entgegen. Hobbes hatte den Naturstand als in sich selbst unmöglich dargestellt: der Naturstand ist der Stand des Krieges eines jeden gegen jeden; im Naturstand ist jeder jedes anderen Feind. Nach Schmitt sind die Subjekte des Naturstandes nicht Individuen, sondern Gesamtheiten; und ferner ist nicht jede Gesamtheit jeder anderen Feind, sondern es gibt außer der Möglichkeit der Feindschaft auch die des Bündnisses und der Neutralität (35).

Der so verstandene Naturstand ist in sich selbst *möglich*. Daß er aber *wirklich* ist, beweist die gesamte Geschichte der Menschheit bis auf den heutigen Tag. Mag sein, daß es einmal einen völlig entpolitisierten Zustand der Menschheit geben wird – »ob und wann dieser Zustand der Erde und der Menschheit eintreten wird, weiß ich nicht« – jedenfalls ist er »vorläufig nicht da«, und daher wäre es »eine unehrliche Fiktion, ihn als vorhanden anzunehmen ...« (54).

Nun kann man, nun kann am allerwenigsten Schmitt selbst [17] sich dabei beruhigen, daß der entpolitisierte Zustand »*vorläufig* nicht da« ist (54), daß »der Krieg als reale Möglichkeit *heute noch* vorhanden ist« (37). Angesichts der Tatsache, daß es heute eine mächtige Bewegung gibt, welche die völlige Beseitigung der realen Möglichkeit des Krieges, also die Abschaffung des Politischen anstrebt, angesichts der Tatsache, daß diese Bewegung nicht nur auf die Denkart des Zeitalters einen großen Einfluß ausübt, sondern auch die wirklichen Verhältnisse maßgebend bestimmt – hat diese Bewegung doch dazu geführt, daß der Krieg »*heute* ... wahrscheinlich weder etwas Frommes, noch etwas moralisch Gutes, noch etwas Rentables« ist (36), während er in früheren Jahrhunderten doch alles dies sein konnte –, angesichts dieser Tatsache muß man über das Heute hinaus fragen: zugegeben, daß »der Krieg als reale Möglichkeit heute noch vorhanden ist« – wird er es morgen noch sein? oder übermorgen? Mit anderen Worten: mag die Abschaffung des Politischen *bisher* noch in keiner Weise geglückt sein – ist diese Abschaffung nicht doch in Zukunft möglich? ist sie nicht überhaupt möglich?

Auf diese Frage gibt Schmitt folgende Antwort: Das Politi- [18] sche ist ein Grundcharakter des menschlichen Lebens; die Politik ist in diesem Sinn *das* Schicksal; daher kann der Mensch der Politik nicht entrinnen (36f., 66f., 76ff.). Die Unentrinnbarkeit des Politischen zeigt sich in dem Widerspruch, in den sich der Mensch bei dem Versuch, das Politische zu beseitigen, verstricken muß. Diese Bestrebung hat dann und nur dann Aussicht auf Erfolg, wenn sie politisch wird; d.h. wenn sie »stark

III

genug ist, die Menschen nach Freund und Feind zu gruppieren«, wenn sie also »die Pazifisten gegen die Nicht-Pazifisten in den *Krieg* treiben könnte, in einen ›Krieg gegen den Krieg‹«. Der Krieg gegen den Krieg wird dann unternommen als »endgültig letzter Krieg der Menschheit«. Ein solcher Krieg ist aber »notwendigerweise besonders intensiv und unmenschlich«, weil in ihm der Feind als »unmenschliches Scheusal ..., das nicht nur abgewehrt, sondern definitiv vernichtet werden muß«, bekämpft wird (37). Daß aber die Menschheit, wenn sie einen besonders unmenschlichen Krieg hinter sich hat, besonders menschlich und also unpolitisch sein werde, steht nicht zu erwarten. So hat die Bestrebung, um der Menschlichkeit willen das Politische abzuschaffen, zum notwendigen Erfolg nichts anderes als die Steigerung der Unmenschlichkeit. Wenn daher gesagt wird, das Politische sei ein Grundcharakter des menschlichen Lebens, m. a. W., der Mensch höre auf, Mensch zu sein, indem er aufhört, politisch zu sein, so ist damit auch und gerade gesagt: der Mensch hört auf, menschlich (human) zu sein, wenn er aufhört, politisch zu sein. Wenn sich so der Mensch bei dem Versuch, das Politische zu beseitigen, notwendig in Widersprüche verwickelt, so ist dieser Versuch zuletzt nur unehrlicherweise möglich: »Den Krieg als Menschenmord verfluchen, und dann von den Menschen zu verlangen, daß sie Krieg führen und im Kriege töten und sich töten lassen, damit es ›nie wieder Krieg‹ gebe, ist ein manifester Betrug« (49).

[19]   Das Politische ist also nicht nur möglich, sondern auch wirklich; und nicht nur wirklich, sondern auch notwendig. Es ist notwendig, weil es mit der menschlichen Natur gegeben ist. Daher führt sich der Gegensatz zwischen der Negation und der Position des Politischen auf einen Streit über die menschliche Natur zurück. Strittig ist zuletzt, ob der Mensch von Natur gut oder böse ist. »Gut« und »Böse« sind dabei aber »nicht in einem speziell moralischen oder ethischen Sinne zu nehmen«; sondern »gut« ist als »ungefährlich«, »böse« als »gefährlich« zu verstehen. Dies also ist die letzte Frage: »ob der Mensch ein

gefährliches oder ungefährliches Wesen, ein riskantes oder harmlos nicht-riskantes Wesen ist« (59). »Alle echten politischen Theorien« setzen die Gefährlichkeit des Menschen voraus (61). Die These von der Gefährlichkeit des Menschen ist demnach die letzte Voraussetzung der Position des Politischen.

Der eben wiedergegebene Gedankengang ist wohl nicht das [20] letzte, er ist gewiß nicht das tiefste Wort, das Schmitt zu sagen hat. Er verdeckt eine ganz anders auslaufende Überlegung, die nicht in Einklang mit ihm gebracht werden kann.

Schmitt bezeichnet als letzte Voraussetzung der Position des [21] Politischen die These von der Gefährlichkeit des Menschen: so fest wie die Gefährlichkeit des Menschen steht, so fest steht die Notwendigkeit des Politischen. Steht die Gefährlichkeit des Menschen aber unerschütterlich fest? Schmitt selbst qualifiziert die These von der Gefährlichkeit des Menschen als »*Vermutung*«, als »anthropologisches *Glaubens*bekenntnis« (58). Ist aber die Gefährlichkeit des Menschen nur vermutet oder geglaubt, nicht eigentlich gewußt, so kann auch das Gegenteil für möglich gehalten und der Versuch, die bisher immer wirklich gewesene Gefährlichkeit des Menschen zu beseitigen, ins Werk gesetzt werden. Ist die Gefährlichkeit des Menschen nur geglaubt, so ist sie, und damit das Politische, grundsätzlich *bedroht*.

Die grundsätzliche Bedrohtheit des Politischen wird von [22] Schmitt eingeräumt, wenn er sagt: »Ob und wann dieser (sc. völlig apolitische) Zustand der Erde und der Menschheit eintreten wird, *weiß ich nicht*« (54). Nun könnte das Politische nicht bedroht sein, wenn es, wie Schmitt an einer Reihe von Stellen behauptet, schlechterdings unentrinnbar wäre. Man wird daher seine Behauptung, das Politische sei unentrinnbar, mit einer naheliegenden Einschränkung versehen und folgendermaßen verstehen müssen: das Politische ist so lange unentrinnbar, als es auch nur *einen* auch nur der Möglichkeit nach politischen Gegensatz gibt. Diese Einschränkung wird von Schmitt der Sache nach in der vorhin angeführten Argumentation gegen den Pazifismus gemacht; denn diese Argumentation setzt voraus, daß der Gegensatz zwischen Pazifisten und Nichtpazifisten nicht verschwindet. Die Unentrinnbarkeit des Politischen besteht also nur bedingungsweise; zuletzt bleibt es bei der Bedrohtheit des Politischen.

[23]   Ist das Politische zuletzt bedroht, so muß die Position des Politischen zuletzt *mehr* sein als die Anerkennung der Wirklichkeit des Politischen; nämlich ein Eintreten für das bedrohte Politische, eine *Bejahung* des Politischen. Es muß daher gefragt werden: warum bejaht Schmitt das Politische?

[24]   Das Politische ist bedroht, sofern die Gefährlichkeit des Menschen bedroht ist. Daher ist die Bejahung des Politischen die Bejahung der Gefährlichkeit des Menschen. Wie ist diese Bejahung zu verstehen? Soll sie *politisch* gemeint sein, so kann sie, wie alles Politische, »keinen normativen, sondern nur einen existentiellen Sinn« haben (49). Man wird dann fragen müssen: bejaht eine »kämpfende Gesamtheit von Menschen« in der Gefahr, im »Ernstfall« die Gefährlichkeit ihres Feindes? *wünscht* sie sich gefährliche Feinde? Und man wird mit Nein antworten müssen, im Sinn der Äußerung, die C. Fabricius tat, als er davon hörte, ein griechischer Philosoph stelle als das größte Gut die Lust hin: Wären doch Pyrrhus und die Samniten, solange wir mit ihnen Krieg führen, der Meinung dieses Philosophen! Ebenso wünscht ein Volk in der Gefahr seine eigene Gefährlichkeit nicht um der Gefährlichkeit, sondern um der Rettung aus der Gefahr willen. Die Bejahung der Gefährlichkeit als solcher hat also keinen politischen, sondern nur einen »normativen«, *moralischen* Sinn; auf ihren angemessenen Ausdruck gebracht, ist sie die Bejahung der Kraft als staatenbildender Kraft, der virtù im Sinn Machiavellis. Auch hier denken wir wieder an Hobbes zurück, der als die (übrigens ebenso wie der Naturstand selbst von ihm negierte) Tugend des Naturstandes die Furchtbarkeit bezeichnet, unter Furchtbarkeit aber Ruhm und Tapferkeit versteht. So scheint eine kriegerische Moral der letzte Rechtsgrund für Schmitts Bejahung des Politischen zu sein, und der Gegensatz zwischen Negation und Position des Politischen mit dem Gegensatz zwischen pazifisti-

schem Internationalismus und bellizistischem Nationalismus zusammenzufallen.

Ist dem wirklich so? Man wird daran zweifeln, wenn man [25] bedenkt, mit welcher Entschiedenheit Schmitt es ablehnt, als Bellizist den Pazifisten entgegenzutreten (33). Und man wird es bestreiten müssen, sobald man genauer zugesehen hat, wie er an die Gefährlichkeit des Menschen als letzte Voraussetzung der Position des Politischen herankommt. Nachdem er das pazifistische Ideal bereits zweimal mit der Begründung abgewiesen hat, es sei jedenfalls für das Verhalten in der gegenwärtigen Situation und für das Verständnis dieser Situation ohne Bedeutung (36f. und 54f.), stellt er schließlich, die grundsätzliche Möglichkeit des »Weltstaats« als einer völlig apolitischen »Konsum- und Produktivgenossenschaft« der geeinten Menschheit anerkennend, die Frage: »welchen Menschen die furchtbare Macht, die mit einer erdumfassenden wirtschaftlichen und technischen Zentralisation verbunden ist, zufallen wird«; m.a.W. welche Menschen im »Weltstaat« *herrschen* werden. »Diese Frage läßt sich keinesfalls damit abweisen, daß man hofft, ... die Regierung von Menschen über Menschen sei überflüssig geworden, weil die Menschen dann absolut frei sind; denn es fragt sich gerade, *wozu* sie frei werden. Darauf kann man mit optimistischen und pessimistischen Vermutungen antworten«, mit der optimistischen Vermutung nämlich, daß der Mensch dann ungefährlich, und mit der pessimistischen Vermutung, daß er gefährlich sein werde (58f.). Die Frage: Gefährlichkeit oder Ungefährlichkeit des Menschen? taucht also auf angesichts der Frage: ob die Regierung von Menschen über Menschen notwendig oder überflüssig ist, bzw. sein wird. Demnach bedeutet Gefährlichkeit: *Herrschaftsbedürftigkeit.* Und der letzte Streit findet nicht zwischen Bellizismus und Pazifismus (bzw. Nationalismus und Internationalismus), sondern zwischen den »*autoritären* und *anarchistischen* Theorien« (60) statt.

Der Streit zwischen den autoritären und den anarchisti- [26] schen Theorien geht darum, ob der Mensch von Natur böse oder gut ist. »Böse« bzw. »gut« sind dabei aber »*nicht* in einem speziell *moralischen* oder ethischen Sinne zu nehmen«, sondern als »gefährlich« bzw. »ungefährlich« zu verstehen. Was damit gesagt ist, wird klar, wenn man die von Schmitt erwähnte zwiefache Bedeutung von »Bosheit« berücksichtigt. »Die ›Bosheit‹ kann als Korruption, Schwäche, Feigheit, Dummheit, *aber auch* als ›Rohheit‹, Triebhaftigkeit, Vitalität, Irrationalität usw. erscheinen ...« (59). D.h. die »Bosheit« kann entweder als *menschliche Minderwertigkeit* oder als *animalische Kraft*, als humana impotentia oder als naturae potentia (Spinoza, Eth. III praef.) verstanden werden. Soll nun die »Bosheit« nicht moralisch gemeint sein, so kann es nur auf die zweite Bedeutung ankommen. In diesem Sinn haben »die Staatsphilosophen des 17. Jahrhunderts (Hobbes, Spinoza, Pufendorff)« den Menschen des Naturstandes als »böse« bezeichnet: nämlich als »böse« »wie die von ihren Trieben (Hunger, Gier, Angst, Eifersucht) bewegten *Tiere*« (59). Es fragt sich aber, *warum* diese Philosophen, warum insbesondere Hobbes den Menschen als »böse wie die Tiere« verstanden hat. Er mußte die Bosheit als *unschuldige* »Bosheit« verstehen, weil er die Sünde leugnete; und er mußte die Sünde leugnen, weil er keine primäre, jedem Anspruch als berechtigtem Anspruch vorangehende Verpflichtung des Menschen anerkannte, weil er den Menschen als von Natur frei, d.h. unverpflichtet verstand; für ihn war daher die politische Grundtatsache das Naturrecht als berechtigter *Anspruch* des einzelnen, als dessen *nachträgliche* Restriktion er die Verpflichtung begriff. Von diesem Ansatz aus kann man prinzipielle Bedenken gegen die Proklamation von Menschenrechten als Ansprüchen der einzelnen an den Staat und wider den Staat, gegen die Unterscheidung von Gesellschaft und Staat, gegen den Liberalismus nicht erheben; gesetzt, der Liberalismus sei nicht überhaupt die unvermeidliche Folge des Hobbesschen Ansatzes. Und versteht man einmal die Bosheit des Menschen als unschuldige »Bosheit« des Tieres, aber eines solchen Tieres, das durch Schaden klug werden und also erzogen werden kann, so wird es in der Tat zuletzt zu einer

Sache bloßer »*Vermutung*«, welche Grenzen man der Erziehung setzt: ob sehr enge Grenzen, wie Hobbes selbst tat, der darum zum Anhänger der absoluten Monarchie wurde, oder weitere Grenzen wie der Liberalismus, oder ob man ihr beinahe alles zutraut wie der Anarchismus. Der Gegensatz zwischen Bosheit und Güte verliert seine Schärfe, er verliert selbst seinen Sinn, sobald die Bosheit als unschuldige »Bosheit« und damit die Güte als Moment der Bosheit selbst verstanden wird. Für die radikale Kritik am Liberalismus, die Schmitt anstrebt, ergibt sich daher die Aufgabe, die Auffassung der menschlichen Bosheit als animalischer und darum unschuldiger »Bosheit« rückgängig zu machen und zu der Auffassung der menschlichen Bosheit als moralischer Schlechtigkeit zurückzukehren; nur so kann Schmitt mit sich selbst in Einklang bleiben, wenn anders »der Kern der politischen Idee die *moralisch* anspruchsvolle Entscheidung« ist (Politische Theologie 56). Diesem Erfordernis genügt die Korrektur, die Schmitt an der Bosheitsauffassung von Hobbes und dessen Nachfolgern vornimmt, nicht nur nicht, sondern sie widerspricht ihm sogar. Während bei Hobbes die natürliche und darum unschuldige »Bosheit« zuletzt darum hervorgehoben wird, damit sie *bekämpft* werden kann, spricht Schmitt von der nicht moralisch zu verstehenden »Bosheit« mit einer unverkennbaren *Sympathie*. Diese Sympathie ist aber gar nichts anderes als die *Bewunderung* der animalischen Kraft; und von dieser Bewunderung gilt dasselbe, was Schmitt in einem bereits angeführten Satz über das Ästhetische überhaupt sagt. Ihre Unangemessenheit zeigt sich überdies unmittelbar darin, daß das, *was* bewundert wird, keineswegs als ein Vorzug, sondern als ein Mangel, eine Bedürftigkeit (nämlich als Herrschaftsbedürftigkeit) entdeckt wird. Die als Herrschaftsbedürftigkeit entdeckte Gefährlichkeit des Menschen kann angemessen nur als moralische Schlechtigkeit verstanden werden. Als solche muß sie zwar anerkannt, kann sie aber nicht bejaht werden. Welchen Sinn hat dann aber die Bejahung des Politischen?

Warum Schmitt das Politische bejaht, zuvor, *daß* er es be- [27]

117

jaht, und es nicht nur als wirklich oder notwendig anerkennt, zeigt sich am deutlichsten in seiner Polemik gegen das Ideal, das der Negation des Politischen entspricht. Dieses Ideal wird von Schmitt zuletzt keineswegs als utopisch verworfen – sagt er doch, er wisse nicht, ob seine Verwirklichung nicht möglich sei –, sondern verabscheut. Daß Schmitt diese seine Gesinnung nicht moralisierend herauskehrt, sondern zu verbergen trachtet, macht seine Polemik nur noch wirkungsvoller. Hören wir ihn selbst! ».. hört .. die Unterscheidung von Freund und Feind auch der bloßen Eventualität nach auf, so gibt es nur noch politikreine Weltanschauung, Kultur, Zivilisation, Wirtschaft, Moral, Recht, Kunst, *Unterhaltung* usw., aber weder Politik noch Staat« (54). Wir haben das Wort »Unterhaltung« hervorgehoben, weil Schmitt alles dazu tut, um die Unterhaltung in einer Reihe ernster Beschäftigungen des Menschen *beinahe* verschwinden zu lassen; vor allem täuscht das unmittelbar auf »Unterhaltung« folgende »usw.« darüber hinweg, daß »Unterhaltung« wirklich das letzte Glied der Reihe, ihr finis ultimus ist. Schmitt gibt so zu verstehen: Die Gegner des Politischen mögen sagen, was sie wollen; sie mögen sich für ihr Vorhaben auf die höchsten Anliegen des Menschen berufen; der gute Glaube soll ihnen nicht abgesprochen werden; zugegeben, daß Weltanschauung, Kultur usw. nicht Unterhaltung sein *müssen*; aber sie *können* zur Unterhaltung werden; hingegen ist es unmöglich, Politik und Staat in einem Atemzug mit »Unterhaltung« zu nennen; die einzige *Garantie* dagegen, daß die Welt nicht eine Welt der Unterhaltung wird, sind Politik und Staat; daher läuft das, was die Gegner des Politischen wollen, zuletzt hinaus auf die Herstellung einer Welt der Unterhaltung, einer Welt des Amüsements, einer Welt ohne *Ernst*. »... ein endgültig pazifizierter Erdball wäre«, wie Schmitt an einer früheren Stelle sagt, »eine Welt ohne Politik. Es könnte in ihr mancherlei vielleicht *sehr interessante* Gegensätze und Kontraste geben, Konkurrenzen und Intrigen aller Art, aber sinnvollerweise keinen Gegensatz, auf Grund dessen von Menschen das Opfer ihres Lebens verlangt werden könnte ...« (35f.; die Sperrung stammt von mir). Auch hier ist das, was Schmitt dem Idealzustand der Pazifisten konzediert, was ihm an ihm *auffällt*, seine Interessantheit, seine Unterhaltsamkeit; auch hier bemüht er sich, die in dieser Feststellung enthaltene Kritik zu verdecken: »*vielleicht* sehr interessant«. Natürlich will er damit nicht in Zweifel ziehen, daß die Welt ohne Politik interessant ist: von nichts ist er mehr überzeugt als davon, daß sie *sehr* interessant ist (»Konkurrenzen und Intrigen aller Art«); das »vielleicht« stellt nur in Frage und allerdings in Frage, ob diese Interessantheit das Interesse eines Menschen, der diesen Namen verdient, beanspruchen könne; es verbirgt und verrät den *Ekel* vor dieser Interessantheit, die nur möglich ist, wenn der Mensch vergessen hat, worauf es eigentlich ankommt. So wird klar, warum Schmitt das Ideal des Pazifismus (grundsätzlicher: der Zivilisation) verwirft, warum er das Politische bejaht: er bejaht das Politische, weil er in seiner Bedrohtheit den Ernst des menschlichen Lebens bedroht sieht. Die Bejahung des Politischen ist zuletzt nichts anderes als die Bejahung des Moralischen.

Zu demselben Ergebnis kommt man, wenn man sich [28] Schmitts Kennzeichnung der Neuzeit als des Zeitalters der Entpolitisierung genauer ansieht. Mit dieser Kennzeichnung ist jedenfalls *nicht* gemeint, daß im 19. und 20. Jahrhundert die Politik weniger das Schicksal sei als im 16. und 17. Jahrhundert: die Menschheit zerfällt heute nicht weniger als früher in »der realen Möglichkeit nach kämpfende Gesamtheiten«. Nicht in Hinsicht darauf, *daß* gestritten wird, sondern in Hinsicht darauf, *worüber* gestritten wird, hat sich eine grundsätzliche Wandlung vollzogen. Worüber gestritten wird, das hängt davon ab, was für wichtig, für maßgebend gilt. Für maßgebend gilt in den verschiedenen Jahrhunderten Verschiedenes: im 16. Jahrhundert ist die Theologie, im 17. Jahrhundert die Metaphysik, im 18. Jahrhundert die Moral, im 19. Jahrhundert die Wirtschaft und im 20. Jahrhundert die Technik maßgebend. Grundsätzlich: in jedem Jahrhundert ist ein anderes »Sachgebiet« »Zentralgebiet« (80–84). Das Politische ist, da es kein »ei-

genes .. Sachgebiet« ist (27), auch niemals »Zentralgebiet«.
Während die »Zentralgebiete« wechseln, bleibt das Politische
konstant das Schicksal. Aber als *menschliches* Schicksal ist es
abhängig von dem, worauf es den Menschen zuletzt ankommt:
»auch der Staat (nimmt) seine Wirklichkeit und Kraft aus dem
jeweiligen Zentralgebiet, weil die maßgebenden Streitthemen
der Freund-Feindgruppierungen sich ebenfalls nach dem maßgebenden Sachgebiet bestimmen« (86). Der genaue Sinn der
für die Neuzeit kennzeichnenden Entpolitisierung läßt sich also nur erkennen, indem man versteht, welches Gesetz in der
»Stufenfolge der wechselnden Zentralgebiete« waltet. Dieses
Gesetz ist die »Richtung zur Neutralisierung«, d. h. das Streben
nach Gewinnung eines Bodens, der »Sicherheit, Evidenz, Verständigung und Frieden ermöglicht« (89). Verständigung und
Frieden – d. h.: Verständigung und Frieden um jeden Preis. Verständigung ist aber grundsätzlich immer zu erzielen über die
Mittel zu einem schon feststehenden Zweck, während über die
Zwecke selbst immer Streit ist: wir streiten mit einander und
mit uns selbst immer nur über das Gerechte und das Gute (Platon, Euthyphron 7 B-D und Phaidros 263 A). Will man daher
Verständigung um jeden Preis, so gibt es keinen anderen Weg,
als sich der Frage nach dem Richtigen ganz zu entschlagen und
sich allein um die Mittel zu kümmern. So wird begreiflich, daß
das moderne Europa, nachdem es einmal, um dem Streit über
den rechten Glauben zu entgehen, auf die Suche nach einem
neutralen Boden *als solchen* ausgegangen war, schließlich zu
dem Glauben an die Technik gelangt ist. »Die Evidenz des heute verbreiteten Glaubens an die Technik beruht nur darauf, daß
man glauben konnte, in der Technik den absolut und endgültig
neutralen Boden gefunden zu haben ... Gegenüber theologischen, metaphysischen, moralischen und selbst ökonomischen
Fragen, über die man ewig streiten kann, haben die rein technischen Probleme etwas erquickend Sachliches; sie kennen
einleuchtende Lösungen ...« (89/90). Aber die Neutralität der
Technik ist nur scheinbar: »Die Technik ist immer nur Instrument und Waffe, und eben weil sie jedem dient, ist sie nicht

neutral« (90). In der Scheinbarkeit dieser Neutralität enthüllt sich der Widersinn des Versuchs, einen »absolut und endgültig neutralen Boden« zu finden, die Verständigung um jeden Preis zu erreichen. Die Verständigung um jeden Preis ist nur möglich als Verständigung auf Kosten des Sinns des menschlichen Lebens; denn sie ist nur möglich, wenn der Mensch darauf verzichtet, die Frage nach dem Richtigen zu stellen; und verzichtet der Mensch auf diese Frage, so verzichtet er darauf, ein Mensch zu sein. Stellt er aber die Frage nach dem Richtigen im Ernst, so entbrennt angesichts »der unentwirrbaren Problematik« (90) dieser Frage der Streit, der Streit auf Leben und Tod: im Ernst der Frage nach dem Richtigen hat das Politische – die Freund-Feind-Gruppierung der Menschheit – seinen Rechtsgrund.

Die Bejahung des Politischen ist die Bejahung des Naturstandes. Schmitt stellt die Bejahung des Naturstandes der Hobbesschen Verneinung des Naturstandes entgegen. Der Naturstand ist der status belli schlechthin. So scheint die Bejahung des Naturstandes nur bellizistisch gemeint sein zu können. Dieser Schein verliert sich, sobald man begriffen hat, was der Rückgang auf den Naturstand für Schmitt bedeutet. Die Bejahung des Naturstandes bedeutet nicht die Bejahung des Krieges, sondern »den Verzicht auf die Sekurität des status quo« (93). Auf die Sekurität wird verzichtet, nicht weil der Krieg etwas »Ideales« wäre, sondern weil aus »glanzvoller Repräsentation«, aus dem »Komfort und Behagen des bestehenden status quo« zum »kulturellen oder sozialen Nichts«, zum »geheimen, unscheinbaren Anfang«, »zur unversehrten, nicht korrupten Natur« (93) zurückgegangen werden muß, damit »aus der Kraft eines integren Wissens ... die Ordnung der menschlichen Dinge« wieder erstehen kann (95).

Wenn sich demnach der eigentlichen Meinung Schmitts zufolge die Position des Politischen auf die Position des Moralischen zurückführt – wie reimt sich damit die seine ganze Schrift durchziehende Polemik gegen den Primat der Moral vor der Politik zusammen? Als nächster Grund bietet sich dar, daß

[29]

[30]

in dieser Polemik unter »Moral« eine ganz bestimmte Moral verstanden wird, nämlich eine Moral, die in grundsätzlichem Widerspruch zum Politischen steht. »Moralisch« ist für Schmitt – wenigstens in dem hier in Rede stehenden Zusammenhang – immer »*humanitär*-moralisch« (vgl. 80 ff.). D. h. aber: Schmitt bindet sich an die Moralauffassung seiner Gegner, anstatt den Anspruch der humanitär-pazifistischen Moral, Moral zu sein, in Frage zu stellen; er bleibt in der von ihm bekämpften Auffassung befangen.

[31]   Nun hindert die Polemik gegen die Moral – gegen die »Ideale« und »Normativitäten« – Schmitt nicht, ein *moralisches* Urteil über die humanitäre Moral, über das Ideal des Pazifismus zu sprechen. Allerdings bemüht er sich, wie wir gezeigt haben, dieses Urteil zu verbergen. In diesem Verbergen kommt eine Aporie zum Ausdruck: die Bedrohtheit des Politischen macht eine wertende Stellungnahme zum Politischen unumgänglich, und zugleich regt sich ein aus der Einsicht in das Wesen des Politischen hervorgehendes Bedenken gegen jede wertende Stellungnahme zum Politischen. Denn eine derartige Stellungnahme wäre eine »freie, nicht kontrollierbare, keinen andern als den Frei-sich-Entschließenden selbst angehende Entschließung«, sie wäre wesentlich »Privatsache« (49); das Politische aber ist allem privaten Belieben entzogen: es hat den Charakter überprivater *Verbindlichkeit*. Wird nun vorausgesetzt, alle Ideale seien privat und also unverbindlich, so kann die Verbindlichkeit nicht als solche, nicht als Pflicht, sondern nur als unentrinnbare Notwendigkeit begriffen werden. Diese Voraussetzung also ist es, die Schmitt dazu disponiert, die Unentrinnbarkeit des Politischen zu behaupten, und, sobald er, durch die Sache gezwungen, diese Behauptung nicht mehr aufrechterhalten kann, sein moralisches Urteil zu verbergen; und diese Voraussetzung ist, wie er selbst hervorhebt, die charakteristische Voraussetzung der »individualistisch-liberalen Gesellschaft« (49).

[32]   Machen wir uns nunmehr grundsätzlich klar, was denn die Bejahung des Politischen unter Absehung vom Moralischen,

was der Primat des Politischen vor dem Moralischen zu bedeuten hätte. Politisch-sein heißt ausgerichtet-sein auf den »Ernstfall«. Daher ist die Bejahung des Politischen als solchen die Bejahung des Kampfes als solchen, ganz gleichgültig, *wofür* gekämpft wird. Damit ist gesagt: wer das Politische als solches bejaht, verhält sich *neutral* gegenüber allen Freund-Feind-Gruppierungen. Diese Neutralität mag sich von der Neutralität dessen, der das Politische als solches verneint, noch so sehr unterscheiden – wer das Politische als solches bejahend sich eben damit zu allen Freund-Feind-Gruppierungen neutral verhält, will sich nicht »aus der politischen Gesamtheit ... herausstellen und nur noch als Privatmann leben« (52); er hat nicht den *Willen* zur »Neutralisierung«, zur Vermeidung der Entscheidung um jeden Preis, sondern er ist gerade zur Entscheidung gespannt – als Gespanntheit zu *gleichgültig welcher* Entscheidung macht sie von der ursprünglich um der Neutralisierung willen eröffneten Möglichkeit eines Jenseits aller Entscheidung Gebrauch. Wer das Politische als solches bejaht, der respektiert alle, die kämpfen wollen; er ist genau so *tolerant* wie die Liberalen – nur in entgegengesetzter Absicht: während der Liberale alle »*ehrlichen*« Überzeugungen respektiert und toleriert, wofern sie nur die gesetzliche Ordnung, den *Frieden* als sakrosankt anerkennen, respektiert und toleriert, wer das Politische als solches bejaht, alle »*ernsten*« Überzeugungen, d. h. alle auf die reale Möglichkeit des *Krieges* ausgerichteten Entscheidungen. So erweist sich die Bejahung des Politischen als solchen als ein Liberalismus mit umgekehrtem Vorzeichen. Und damit bewahrheitet sich Schmitts Feststellung, daß »die erstaunlich konsequente ... Systematik liberalen Denkens« »heute in Europa noch durch kein anderes System ersetzt« ist (70).

Die Bejahung des Politischen als solchen kann daher nur [33] das erste Wort Schmitts gegenüber dem Liberalismus sein; sie kann die radikale Kritik am Liberalismus nur *vorbereiten*. In einer früheren Schrift sagte Schmitt von Donoso Cortes: er »verachtet die Liberalen, während er den atheistisch-anarchistischen Sozialismus als seinen Todfeind respektiert ...« (Politische Theologie 55). Der Kampf vollzieht sich allein zwischen den Todfeinden: den »Neutralen«, der zwischen ihnen vermitteln, lavieren will, schieben sie voller Verachtung – je nach Gemütsart mit groben Beschimpfungen oder unter Wahrung der Höflichkeitsregeln – beiseite. Die »Verachtung« ist wörtlich zu nehmen; sie achten seiner nicht; jeder blickt gespannt auf seinen Feind; sie winken den sich in der Mitte aufhaltenden, die Sicht auf den Feind störenden »Neutralen« beiseite, ohne ihn anzusehen, mit einer Handbewegung nur, um ein freies Schußfeld zu bekommen. Die Polemik gegen den Liberalismus kann daher nur den Sinn einer Begleit- oder Vorbereitungsaktion haben: sie soll das Feld freimachen für den Entscheidungskampf zwischen dem »Geist der Technizität«, dem »Massenglauben eines antireligiösen Diesseits-Aktivismus« (93) und – dem entgegengesetzten Geist und Glauben, der, wie es scheint, noch keinen Namen hat. Zuletzt stehen einander zwei von Grund auf entgegengesetzte Antworten auf die Frage nach dem Richtigen gegenüber, die keine Vermittlung und keine Neutralität zulassen (vgl. die Bemerkung über »zweigliedrige Antithesen« und »dreigliedrige Schemata« oder »Konstruktionen« auf S. 73). Es kommt Schmitt also *zuletzt* nicht auf den Kampf gegen den Liberalismus an. Eben deshalb ist die Bejahung des Politischen als solchen nicht sein letztes Wort. Sein letztes Wort ist »die Ordnung der menschlichen Dinge« (95).

[34]   Damit soll nicht bestritten werden, daß die Polemik gegen den Liberalismus oft genug das letzte Wort Schmitts zu sein scheint, daß er sich oft genug in die Polemik gegen den Liberalismus verstrickt und er so von seiner eigentlichen Absicht abgedrängt, auf der vom Liberalismus abgesteckten Ebene festgehalten wird. Diese Verstrickung ist kein zufälliges Versagen, sondern die notwendige Folge des Prinzips, daß »alle Begriffe der geistigen Sphäre ... nur aus der konkreten politischen Existenz heraus zu verstehen sind« (84), und daß »alle politischen Begriffe, Vorstellungen und Worte einen *polemischen* Sinn« haben (31). Diesem Prinzip, das selbst ganz und gar an liberale Voraussetzungen gebunden ist, handelt Schmitt in concreto zu-

wider, indem er Hobbes' polemischem Begriff des Naturstandes seinen unpolemischen Begriff des Naturstandes entgegensetzt; und er verwirft es grundsätzlich, indem er die Ordnung der menschlichen Dinge von einem »*integren* Wissen« (95) erwartet. Denn ein integres Wissen ist niemals, es sei denn zufälligerweise, polemisch; und ein integres Wissen ist nicht »aus der konkreten politischen Existenz heraus«, aus der Situation des Zeitalters, sondern nur vermittelst des Rückgangs auf den Ursprung, auf die »unversehrte, nicht korrupte Natur« (93) zu gewinnen.

Wir sagten (oben A 14), Schmitt unternehme in einer liberalen Welt die Kritik des Liberalismus; und wir meinten damit: seine Kritik des Liberalismus vollziehe sich im Horizont des Liberalismus; seine illiberale Tendenz werde aufgehalten durch die bisher noch nicht überwundene »Systematik liberalen Denkens«. Die von Schmitt eingeleitete Kritik am Liberalismus kann daher nur dann zur Vollendung kommen, wenn es gelingt, einen Horizont jenseits des Liberalismus zu gewinnen. In einem solchen Horizont hat Hobbes die Grundlegung des Liberalismus vollzogen. Eine radikale Kritik am Liberalismus ist also nur möglich auf Grund eines angemessenen Hobbes-Verständnisses. Zu zeigen, was für die Bewältigung dieser dringlichen Aufgabe von Schmitt zu lernen ist, war daher das hauptsächliche Anliegen unserer Anmerkungen. [35]

Editorische Notiz

Die *Anmerkungen zu Carl Schmitt, Der Begriff des Politischen* von Leo Strauss erschienen zuerst im Archiv für Sozialwissenschaft und Sozialpolitik, Tübingen, 67. Band, 6. Heft, August/September 1932, p. 732–749. Leo Strauss hat sie wiederveröffentlicht als Anhang zu seinem Buch *Hobbes' politische Wissenschaft*. Neuwied 1965, p. 161–181, und, ins Englische übersetzt von E. M. Sinclair, als Appendix zur amerikanischen Ausgabe seines Spinoza-Buches von 1930 *Spinoza's Critique of Religion*. New York 1965, p. 331–351. Die englische Übersetzung wurde mit Erlaubnis des Verfassers aufgenommen in: Carl Schmitt: *The Concept of the Political*. Translation, Introduction, and Notes by George Schwab. With Comments on Schmitt's Essay by Leo Strauss. New Brunswick, New Jersey 1976, p. 81–105.

Unsere Edition folgt in allen Einzelheiten dem Erstdruck von 1932. Korrigiert wurden lediglich die nachstehend mitgeteilten Druckfehler. Abweichungen der Zitate gegenüber dem Wortlaut bei Schmitt sind beibehalten und nicht gekennzeichnet (»gleichwertig« statt »gleichartig« in A 7, A 9, »moralisch anspruchsvolle Entscheidung« statt »anspruchsvolle moralische Entscheidung« in A 26, »nicht kontrollierbare« statt »nichtkontrollierte« in A 31). Dagegen wurden alle Seitenangaben, die sich auf den Text des *Begriffs des Politischen* von 1932 beziehen, auf den Neudruck von 1963 umgestellt, so daß der Leser die angeführten Stellen ohne Schwierigkeit aufzufinden vermag und er den Hinweisen nachgehen kann, die Strauss gibt. Die Abschnitte des Aufsatzes sind am Rand numeriert, um das Zitieren zu erleichtern.

Textkorrekturen: (A 2) inwiefern nötigt → Inwiefern nötigt; gegenüber welchem → Gegenüber welchem; (A 7) nach den

»*Wesen* → nach dem »*Wesen*; im ökonomischen Nützlich → im Ökonomischen Nützlich; (A 11) *actuall fighting* → *actual fighting*; (A 13) Die selbe Gesinnung verrät sich → Dieselbe Gesinnung verrät sich; (A 15) Untersuchung sei es → Untersuchung, sei es; (A 24) Macchiavellis → Machiavellis; (A 27) *dass* er *bejaht* → *daß* er *bejaht*; (A 28) *dass* gestritten wird → *daß* gestritten wird; (Fußnote zu A 14) dieses Archiv → Archiv für Sozialwissenschaft und Sozialpolitik.

LEO STRAUSS

Drei Briefe an Carl Schmitt

I

Berlin-Neutempelhof, den 13. März 1932.
Hohenzollernkorso 11.

Sehr geehrter Herr Professor!

Das Sekretariat der Rockefeller-Stiftung hat mir nunmehr mitgeteilt, dass das deutsche Komitee der Stiftung mich in dem von mir gewünschten Sinn der Pariser Zentrale empfohlen hat. Die endgültige Bestätigung steht für Mitte Mai zu erwarten. Da diese Bestätigung, wie ich höre, bisher noch in keinem Fall versagt worden ist, so kann ich jetzt doch wohl damit rechnen, dass ich im Herbst dieses Jahres nach Paris geschickt werde.

Ich kann die Gelegenheit dieser Mitteilung nicht vorübergehen lassen, ohne Sie nochmals des herzlichsten Dankes für Ihre Unterstützung meiner Bewerbung zu versichern. Aber es ist nicht allein diese Hilfe in einer äusseren, immerhin beinahe lebenswichtigen Angelegenheit, die mich zur Dankbarkeit Ihnen gegenüber verpflichtet. Erlauben Sie mir, sehr geehrter Herr Professor, es einmal auszusprechen, dass das Interesse, das Sie meinen Hobbes-Studien entgegengebracht haben, die ehrenvollste und verbindlichste Bestätigung meiner wissenschaftlichen Arbeit darstellt, die mir je zuteil geworden ist und die ich mir überhaupt denken kann.

In ausgezeichneter Hochachtung

ergebenst grüssend

Leo Strauss.

II

Berlin-Neutempelhof, den 4. September 1932.
Hohenzollernkorso 11.

Sehr verehrter Herr Professor!

Ich habe mir in den letzten Tagen die Gedanken, die Sie in Ihrem »Begriff des Politischen« ausgesprochen haben, und auch meine inzwischen im Archiv für Sozialwissenschaft veröffentlichten Einwendungen nochmals überlegt. Dabei sind mir zwei Punkte aufgefallen, die ich, da ich sie ja nun nicht mehr in meiner Rezension darlegen kann, Ihnen brieflich vortragen möchte.

Soweit ich aus verschiedenen Unterhaltungen über Ihr Buch gesehen habe, ist Ihre These darum besonders Mißverständnissen ausgesetzt, weil Sie sich gelegentlich etwa folgendermassen ausdrücken: Der politische Gegensatz ist der höchste Intensitätsgrad aller möglichen Gruppengegensätze. Diese Formulierungen legen das Mißverständnis nahe, als ob das Politische immer schon menschliche Gegensätze an sich unpolitischen Charakters als schon vorhanden voraussetzte, m. a. W., als ob das Politische etwas *Nachträgliches* sei. Wenn ich Ihre Meinung aber recht verstanden habe – und zwar mehr aus einem Gespräch als aus Ihrer Schrift –, so geht sie doch aber gerade dahin, dass es eine *primäre* Tendenz der menschlichen Natur gibt, *exklusive Gruppen* zu bilden.

Bei dem Versuch einer eingehenderen Analyse Ihrer Schrift gewinnt man den Eindruck, dass die auf den ersten Blick völlig einheitlich erscheinende Polemik gegen die Linke in zwei unvereinbare, zum mindestens heterogene Gedankenreihen auseinanderfällt. Der Gegensatz Links-Rechts stellt sich dar 1. als der Gegensatz von internationalistischem Pazifismus und bellizistischem Nationalismus und 2. als Gegensatz von anarchistischer und autoritärer Gesellschaft. Es bedarf keines Beweises, dass diese beiden Gegensätze an sich sich nicht miteinander decken. In meiner Rezension habe ich dargelegt, dass und warum mir der 2. Gegensatz (Anarchie-Autorität) als der radikalere und in letzter Instanz allein in Betracht kommende Gegensatz erscheint. Dabei kann man sich aber selbstverständlich nicht beruhigen. Das zunächst nur empirische Zusammenfallen von bellizistischem Nationalismus und Sympathie für autoritäre Ordnung wird ja wohl nicht ganz zufällig sein. Ist es in Ihrem Sinn, wenn man den Zusammenhang von »Autoritarismus« und »Nationalismus« – lassen Sie mir diese Abbreviaturen einmal durchgehen – folgendermassen auseinanderlegt: Das letzte Fundament der Rechten ist der Satz von der natürlichen Bosheit des Menschen; weil der Mensch von Natur böse ist, darum braucht er *Herrschaft*. Herrschaft ist aber nur herzustellen, d. h. Menschen sind nur zu einigen in einer Einheit *gegen* – gegen andere Menschen. Jeder Zusammenschluss von Menschen ist *notwendig* ein Abschluss gegen andere Menschen. Die Abschliessungs*tendenz* (und damit die Freund-Feind-Gruppierung der Menschheit) ist mit der menschlichen Natur gegeben; sie ist in diesem Sinn *das* Schicksal. Aber das so verstandene Politische ist nicht das konstitutive Prinzip des Staates, der »Ordnung«, sondern nur die Bedingung des Staates. Dieses Rangverhältnis von Politischem und Staat tritt nun allerdings, wie ich glaube, in Ihrer Schrift nicht genügend hervor. Ihr Satz: »Der Begriff des Staates setzt den Begriff des Politischen voraus«, ist zweideutig; »Voraussetzung« kann eben konstitutives Prinzip *und* Bedingung besagen. Im ersteren Sinn wird sich der Satz kaum aufrecht erhalten lassen, wie bereits die Etymologie (politisch-polis) beweist. Das meinte wohl auch der Rezensent Ihrer Schrift in der Rhein-Mainischen Volkszeitung (5. Juli), als er Ihnen »Soziologismus« vorwarf.

Ich schliesse mit der Bitte, dass Sie diesen Nachtrag zu meiner Rezension mit derselben Nachsicht zur Kenntnis nehmen mögen wie die Rezension selbst.

In ausgezeichneter Hochachtung
ergebenst grüssend

Leo Strauss.

III

4 rue du Parc de Montsouris, Paris (14ᵉ), den 10. Juli 1933.

Sehr verehrter Herr Professor!

Zunächst möchte [ich] Ihnen mitteilen, dass das Rockefeller-Stipendium, das ich wesentlich Ihrem Gutachten über den Ihnen vorgelegten ersten Teil meiner Hobbes-Arbeit verdanke, mir nunmehr für ein zweites Jahr bewilligt worden ist. Ich gedenke, noch ein zweites Semester hier zu studieren, um im Frühjahr des nächsten Jahres nach England zu gehen.

Sodann möchte ich Sie ergebenst um eine Auskunft bitten. Sie erzählten mir gelegentlich, dass Professor Friedrich (von der Harvard-University) Ihnen von einem Plan, eine Kritische Ausgabe der Hobbes'schen Werke zu veranstalten, Mitteilung gemacht habe. Mir läge nun sehr viel daran, an dieser Edition mitzuarbeiten. Ich verfüge über eine genügende editions-technische Erfahrung, und ausserdem werde ich während meines Aufenthaltes in England ja Gelegenheit haben, mich in die Hobbes-Manuskripte einzuarbeiten. Ich wäre Ihnen sehr verbunden, wenn Sie mir gelegentlich mitteilten, ob Aussichten bestehen, dass die Edition der Hobbes'schen Werke – ich weiss nicht einmal, ob es sich um alle oder nur um die politischen Schriften handeln würde –, zustandekommt, und ferner, ob Sie bereit wären, mir dazu zu verhelfen, dass ich an dieser Ausgabe beteiligt würde. –

Über »Paris« kann ich Ihnen schwerlich etwas berichten, was Ihnen nicht schon bekannt wäre. Von den hiesigen Gelehrten haben den stärksten Eindruck auf mich gemacht der Arabist Massignon und André Siegfried. Die Philosophie befindet sich hier im grossen und ganzen noch in dem Vorkriegsstadium, die Arbeiten sind im allgemeinen, d. h. im Durchschnitt solider als in Deutschland, was wohl mit der durchschnittlich besseren humanistischen Schulung hierzulande zusammenhängt.

Inzwischen habe ich mich ein wenig mit Maurras beschäftigt. Die Parallelen mit Hobbes – von einer Abhängigkeit kann wohl kaum die Rede sein – sind frappant. Ich wäre sehr froh, wenn ich ihn einmal sprechen könnte. Wären Sie in der Lage und bereit, mir ein paar Zeilen zur Einführung bei ihm zu schreiben? Sie würden mich auch dadurch sehr verpflichten.

Indem ich Sie nochmals meines aufrichtigen Dankes für die Förderung versichere, die Sie mir haben zuteil werden lassen, verbleibe ich

in ausgezeichneter Hochachtung

ergebenst

Leo Strauss.

Nachbemerkung

Die Briefe I und III sind von der Hand Leo Strauss', Brief II ist mit Maschine geschrieben und von Strauss unterzeichnet. Die Originale befinden sich im Nordrhein-Westfälischen Hauptstaatsarchiv Düsseldorf. Von Brief II behielt Strauss einen Durchschlag, der heute Bestandteil der Sammlung Leo Strauss der University of Chicago Library ist. Professor Joseph Cropsey, literary executor of Leo Strauss, und Professor Joseph Kaiser, dem wissenschaftlichen Nachlaßverwalter Carl Schmitts, danke ich für die Erlaubnis, die Briefe zu veröffentlichen. In den Dank für das Entgegenkommen, das sie mir bei meinen Nachforschungen erwiesen haben, schließe ich den Betreuer des Carl Schmitt Archivs in Düsseldorf, Dr. Eberhard Freiherrn von Medem, mit ein.

Weder in Chicago noch in Düsseldorf ließen sich Briefe von Schmitt an Strauss ermitteln. Auf die beiden Fragen, die Strauss am 10. Juli 1933 an ihn richtete, hat Schmitt offenbar niemals geantwortet. Am 9. Oktober 1933 bemerkt Strauss in einem Brief an seinen Freund Jacob Klein, der zu dieser Zeit noch in Deutschland lebte: »Weisst Du, dass Carl Schmitt, [...] und [...] Briefe nicht mehr beantworten? Ist das jetzt allgemein so üblich?« Klein erwidert am 12. Oktober 1933: »Ob C. Schm. antworten kann, das ist allerdings sehr die Frage! Ich halte seine gegenwärtige Stellung für absolut unmöglich. Ich weiss nicht, ob Du im Bilde bist. Auch darüber im nächsten Brief, den ich nicht über Deutschl. schicken werde.« Am 21. Oktober kommt er nochmals auf Schmitt zu sprechen: »Was C. S. angeht, so ist zu sagen, dass er in *unverzeihlicher* Weise mitmacht. In der offiziellen Stellung, in der er sich jetzt befindet, *kann* er wohl nicht gut antworten ... Ich würde ihm auch auf keinen Fall mehr schreiben.« Karl Löwith schreibt Strauss am

6. Dezember 1933 aus Marburg (der Brief von Strauss, auf den er sich bezieht, ist nicht erhalten): »Dr. [Werner] Becker [ein Schüler Schmitts, Verfasser einer Dissertation über Hobbes], den ich heute sprach, hält es für ausgeschlossen, dass Schmitt – trotz principiellem Antisemitismus – Ihnen *deshalb* nicht geantwortet hat [...], aber 1) hat er als ›Staatsrat‹ enorm zu tun und 2) sagt Becker, wird auch er keine englischen Hobbesforscher kennen, an die man empfehlen könnte.«

Schmitt verwahrte die Briefe von Strauss nicht in der allgemeinen Korrespondenz, sondern in einer besonderen Mappe mit der Aufschrift »Zum ›Begriff des Politischen‹ 3 wichtige Korrespondenzen: 1. Leo Strauss [1929–] 1932/34, 2. Alexandre Kojève (1955), 3. Joachim Schickel [1970] 1968/70.« (Die Angaben *1929* und *1970* wurden von Schmitt handschriftlich korrigiert. Mitteilung von Dr. von Medem.) Er hat sie verschiedentlich Besuchern gezeigt und mir einige Monate vor seinem Tod von ihnen berichtet. Strauss habe »noch 1934 aus England« an ihn geschrieben. Ein Brief aus England, wo Strauss 1934 lebte, war nach Auskunft von Dr. von Medem in Schmitts Nachlaß bisher nicht aufzufinden. Falls es einen Brief von Strauss aus dem Jahre 1934 gegeben haben sollte – Schmitt sich also zutreffend erinnerte und auch die Beschriftung der Mappe nicht auf einem bloßen Versehen beruht –, so liegt die Vermutung nahe, daß Strauss sich darin kritisch äußerte. Am 10. Oktober 1934 schreibt er an Jacob Klein in Berlin: »Hast Du Carl Schmitts letzte Broschüre [gemeint ist offenkundig *Über die drei Arten des rechtswissenschaftlichen Denkens*] gesehen. Er ist jetzt gegen den Dezisionismus von Hobbes, für ›Ordnungsdenken‹ auf Grund der Argumente in meiner Rezension, die er natürlich nicht zitiert. Ich werde vielleicht Koellreutter darüber informieren. –« Klein erwidert am 13. Oktober 1934: »ich rate Dir dringend, darüber nicht mit Koellreutter zu korrespondieren. Hier gibt es nur eines: absolutes Schweigen.« In einem Brief an E. I. J. Rosenthal (10. 5. 1935) billigt Strauss Schmitt später zu, er könne, da er »inzwischen Nationalsozialist geworden war«, »den mildernden Umstand für sich anführen, dass er doch unmöglich seine Abhängigkeit von einem Juden zugestehen durfte.« (Die Briefe an Jacob Klein hat mir Dr. George Elliott Tucker, General Editor des Independent Journal of Philosophy, Paris, zugänglich gemacht. Die anderen Briefe befinden sich im Department of Special Collections, University of Chicago Library, Leo Strauss Papers, Box 2, Folder 6, Box 2, Folder 11, Box 4, Folder 16.)

H. M.

HEINRICH MEIER

Der Philosoph als Feind
Zu Carl Schmitts »Glossarium«

Der nebenstehende Artikel wurde für eine breite Öffentlichkeit geschrieben. Daraus erklären sich Besonderheiten in Diktion und Tempo. Das Nachrichtenmagazin »Der Spiegel« publizierte die Besprechung unter einer anderen Überschrift und mit verschiedenen redaktionellen Eingriffen am 29. Juli 1991, in derselben Woche, in der Carl Schmitts *Glossarium* die Buchhandlungen erreichte. Der Abdruck folgt in allen Einzelheiten dem ursprünglichen Wortlaut. Lediglich die Seitenzahlen, die auf Stellen im *Glossarium* hinweisen, wurden nachgetragen.

Alexandre Kojève war via Peking angereist. Der hohe Beamte des französischen Wirtschaftsministeriums machte in Berlin Station, um zu den Häuptern des Sozialistischen Deutschen Studentenbundes zu sprechen. Im Hotel Berliner Hof am Diana-See gab der Pariser Gast Dutschke & Co. den Rat, das Wichtigste, was sie jetzt tun könnten, sei Griechisch zu lernen. Eine solche Antwort auf die Frage »Was tun?« hatte man sich von dem berühmten Mann nicht erwartet, dessen legendäre Seminare über Hegels *Phänomenologie des Geistes* in den 30er Jahren eine ganze Generation französischer Wissenschaftler und Intellektueller inspiriert hatten. Nicht weniger verblüfft war der langjährige Bekannte Kojèves, der sich während des Berlin-Aufenthalts um ihn kümmerte, von dem Hegelianer zu hören, sein nächstes Reiseziel sei Plettenberg. »Wohin denn soll man in Deutschland fahren? Carl Schmitt ist doch der einzige, mit dem zu reden sich lohnt.«

Paris, Peking, Berlin, Plettenberg. Die Szene spielt 1967, ein Jahr vor Kojèves Tod. Jacob Taubes berichtet sie in einem Nachruf auf Carl Schmitt, den der 1987 verstorbene FU-Professor für Judaistik und Hermeneutik 1985 in der linken *Tageszeitung* veröffentlichte. Der Artikel war *Carl Schmitt – Ein Apokalyptiker der Gegenrevolution* überschrieben und erstreckte sich über zwei volle Zeitungsseiten. Gleich im ersten Satz bekennt der Autor, er wolle Schmitt »meine Ehrfurcht bezeugen, obwohl ich als bewußter Jude zu denen gehöre, die von ihm als ›Feind‹ markiert wurden«. Etwas später erfahren wir, daß Taubes dem Beispiel Kojèves folgte und sich, nach einigem Zögern, gleichfalls auf den Weg ins Sauerland begab.

Dorthin hatte sich Carl Schmitt nach dem Verlust seiner Berliner Professur für Öffentliches Recht und nach zwei Jahren amerikanischer Internierung 1947 zurückgezogen. Sein Haus in Plettenberg, wo er 1888 geboren worden war und

1985 fast 97jährig sterben sollte, nannte Schmitt jetzt »San Casciano«.

Die Namengebung war Teil der Selbststilisierung des »wehrlosen Opfers« von Verfolgung und Kriminalisierung, als das sich der »arme alte Mann« auf dem Höhepunkt seiner Schaffenskraft und in der Mitte seines erwachsenen Lebens begriff. Niccolò Machiavelli hatte auf seinem Landsitz bei San Casciano Zuflucht gefunden, nachdem die Medicis der Republik in Florenz ein Ende gesetzt, Machiavelli seines Staatsamtes enthoben, ihn verfolgt und gefoltert hatten. Schmitts Sturz wurde freilich nicht von einem absoluten Fürsten bewirkt.

Er war das Ergebnis von Schmitts vielfältiger und verwickelter Kooperation mit dem nationalsozialistischen Regime. Schmitt hatte Hitler zwar weder gewählt noch »ermächtigt«. Mehr noch, er hatte vor der »Machtergreifung« kaum verhohlen gegen »die Bewegung« Position bezogen. Doch nach dem »Ermächtigungsgesetz« stellte er sich rasch auf den »Boden der neuen Tatsachen«. Er war maßgeblich an der Ausarbeitung des Reichsstatthaltergesetzes vom April 1933 beteiligt und trat am 1. Mai der NSDAP bei. Anfang Juli 1933 wurde er von Hermann Göring in den Preußischen Staatsrat berufen. Bald bekleidete er höchste Funktionen in der NS-Juristen-Organisation, die er 1936 im Gefolge einer Attacke des SS-Blattes *Schwarzes Korps* wieder verlor. Aber auch nach dem SS-Angriff, der ihm seinen katholischen Hintergrund zum Vorwurf machte, fuhr Schmitt mit der publizistischen Unterstützung des NS-Regimes fort. Gleiches gilt für Schmitts scharfe antisemitischen Ausfälle, die 1933 einsetzten und bis in den Zweiten Weltkrieg andauerten.

Schmitts selbstgewählter, stolzer Vergleich mit Machiavelli macht uns auf weitere, nicht weniger wichtige Unterschiede aufmerksam. Anders als Machiavelli schreibt Schmitt in den bald vier Jahrzehnten seiner zurückgezogenen Existenz in »San Casciano« weder eine *Mandragola* noch eine *Istorie fiorentine*, vom *Principe* und den *Discorsi* ganz zu schweigen. Er veröffentlicht zwei bedeutende Abhandlungen, die *Theorie des Partisanen. Zwischenbemerkungen zum Begriff des Politischen* (1963) und die *Politische Theologie II* (1970), eine kurzgefaßte Interpretation des *Hamlet* (1956) sowie eine Reihe von Aufsätzen, u. a. über Hobbes (1965) und Clausewitz (1967). Der Schwerpunkt von Schmitts weitgespanntem Œuvre liegt indes unverkennbar *vor* 1947. Das vergleichsweise schmale Spätwerk nimmt im wesentlichen die Themen und Thesen aus der Zeit vor 1945 wieder auf.

Während der Florentiner Philosoph die politisch erzwungene Muße nutzte, um unerforschte »Länder und Meere« des Denkens für sich zu erschließen, während die Verfolgung ihn zu einer ungeheuren Produktivität befreit, erscheint Schmitt über weite Strecken wie gelähmt.

Machiavelli findet die Mitte seines Lebens im intensiven Dialog mit Livius und Xenophon, mit Platon und Aristoteles. Schmitt sucht das Gespräch mit Bekannten aus besseren Tagen und umgibt sich mit einem schnell wachsenden Kreis von Schülern. Nicht selten auch mit reichlich oberflächlichen Adepten.

Machiavelli legt in San Casciano des Nachts das Festtagsgewand an, um die »Höfe der Alten« zu besuchen und von ihnen zu lernen. Schmitt empfängt selbst bei Hofe. In seinem San Casciano ist die gelehrte Welt zu Gast. Von den konservativen Soziologen Arnold Gehlen und Helmut Schelsky bis zum Mao-Übersetzer und Partisanen-Theoretiker Joachim Schickel, vom Atomphysiker Pascual Jordan bis zum Münsteraner Philosophieprofessor Joachim Ritter, der für seine begabtesten Studenten den Kontakt ins nahegelegene Plettenberg herstellt. Daneben unterhält Schmitt eine ausgedehnte Korrespondenz, die noch in den abgelegensten Winkeln junge Talente erreicht.

Das Resultat von all dem ist, daß Schmitt, der seit 1945 mit Lehrverbot belegt war, heute mehr »Schüler« an deutschen und ausländischen Universitäten hat als irgendein Professor seiner Generation. Schüler, die niemals bei ihm studierten und die in den unterschiedlichsten Fächern unterrichten. Politik- und Literaturwissenschaftler, Juristen, Theologen und

Soziologen, Alt-, Neu- und Philosophiehistoriker. Noch bemerkenswerter ist, daß die Schmitt-Rezeption quer durch die politischen Lager verläuft.

Wie erklärt sich das starke Interesse an Schmitt? Was hat Taubes »Ehrfurcht« eingeflößt, obwohl er sich, sehr zu Recht, keine Illusionen über Schmitts tiefe Judenfeindschaft machte? Was veranlaßte Kojève, einen der bedeutendsten Philosophen unseres Jahrhunderts und, wenn wir Raymond Aron Glauben schenken wollen, einen der einflußreichsten politischen Köpfe der V. Republik, Verbindung nach Plettenberg zu halten?

Der Hinweis auf die Faszination des Schreckens, die Aura des Verruchten und Verrufenen greift zu kurz. Solange man Schmitt auf den »Kronjuristen des Dritten Reiches« reduziert, in ihm nichts weiter als einen politischen Opportunisten oder nur einen bedenkenlosen Spieler sieht, muß sein beachtlicher Einfluß unverständlich bleiben. Auch diejenigen, die den brillierenden Gesprächspartner rühmen, der aus allem und jedem Funken zu schlagen wußte, oder den geistreichen Autor, der, immer »interessant«, durch seine geschliffenen Formulierungen betört, stellen sich mit ihrer Bewunderung noch nicht in den Umkreis von Schmitts Stärke.

Was ist die Substanz, aus der heraus der bewunderte und verrufene Autor und Dialogpartner seine Wirksamkeit entfaltete? Gibt es einen roten Faden, um durch das Labyrinth seines Œuvre hindurchzufinden, das so reich ist an historischen Wendungen und politischen Windungen, an absichtsvollen Irreführungen und unfreiwilligen Dunkelheiten?

Eine gerade erschienene Veröffentlichung aus Schmitts Nachlaß[1] wirft neues Licht auf diese Fragen. Und das Licht ist sehr viel schärfer, weit erhellender, als zu erwarten stand. Zwei Jahrzehnte nach seiner letzten selbständigen Publikation, die den Untertitel *Die Legende von der Erledigung jeder*

1 Carl Schmitt: *Glossarium. Aufzeichnungen der Jahre 1947–1951.* Herausgegeben von Eberhard Freiherr von Medem. Berlin, Duncker & Humblot, 364 S.

Politischen Theologie trug, meldet sich der politische Theologe noch einmal zu Wort und greift postum in die Debatte ein.

Die *Glossarium* genannten Aufzeichnungen aus den Jahren 1947–1951 sind nächst der *Verfassungslehre* von 1928 Schmitts umfangreichstes Buch und noch vor *Ex Captivitate Salus – Erfahrungen der Zeit 1945–1947* sein persönlichstes. Es enthält gewissermaßen den ganzen Schmitt. Es zeigt ihn in seiner funkelnden Brillanz und in seiner schockierenden Brutalität. Tiefe Nachdenklichkeit steht neben bodenloser Frivolität. Einsichten, die Schmitts Position schlaglichtartig beleuchten, wechseln mit Notaten kaum mehr zu überbietender Selbstgerechtigkeit.

So kommentiert Schmitt Jacob Burckhardts Ausspruch »Die Macht ist in sich böse« mit den Worten, darin stecke »unendlich mehr Atheismus und Nihilismus als in Bakunins ganzem Werk. Wer weiß heute, daß dieser Satz dasselbe bedeutet wie: Gott ist tot« (201). Dann wieder bekommen wir das vorgesetzt: »Ich habe in meinem Leben nichts anderes getan, als wohlüberlegte, wohldurchdachte, uneigennützige und wohlwollende Warnungen auszusprechen. Aber immer haben die Gewarnten das als lästige Störung empfunden und schließlich haben sie mich zur Strecke gebracht« (319).

Wir werden von Schmitt darüber belehrt, er »habe alle Freibriefe und Exemtscheine des Weltgeistes, und wer mir das nicht ohne weiteres zubilligt, kann nicht mein Freund sein« (104). Immer wieder begegnen wir dem schamlosen Selbstmitleid eines Mannes, der sich darüber beklagt, »Ideocid« sei das »seit 20 Jahren«, also etwa seit der Veröffentlichung des *Begriffs des Politischen* (1927), an ihm »versuchte Verbrechen« (265). Der scheinbar so unerschrockene Theoretiker des Politischen, der in der *richtigen* Unterscheidung von Freund und Feind die politische Aufgabe par excellence erkannte, sieht sich von den »Mördern Christi« verfolgt, sobald ihm Feindschaft entgegenschlägt (232, 287, 308/309, 313).

Der mit Schmitts Schriften vertraute Leser trifft in den Reflexionen, Glossen zur Zeit, Auszügen aus Briefen, die Schmitt zuweilen Tag für Tag, dann wieder durch längere Intervalle unterbrochen festhält, auf viele bekannte Topoi: das Ende der Epoche der Staatlichkeit, die Verwandlung der Staatenkriege in den Weltbürgerkrieg, die Dialektik von sichtbarer und unsichtbarer Kirche, das Verhängnis der Legalität. Schmitts »Feldzug gegen das Gesetz« (64) gewinnt sehr viel deutlichere Konturen als in den bisher bekannten Arbeiten.

Die Nürnberger Prozesse nehmen einen breiten Raum ein. Desgleichen die »Fehlentwicklungen« der deutschen Geschichte, Goethe und Hölderlin, der Ästhetizismus und der Geniekult als Wegbereiter Hitlers. Die Kombattanten des »Historikerstreits« werden allenthalben fündig werden. Das Buch enthält genügend Material, um dem hitzigen Streit zwischen den moralisch entrüsteten Kritikern und den apologetischen Bewunderern Schmitts auf Jahre hinaus neue Nahrung zu geben. Letztere werden im *Glossarium* mit Genugtuung lesen, daß Schmitt sich »im Bonner Grundgesetz vom 23. Mai 1949 auf eine unerwartete Weise weiterleben« sieht (266). Erstere werden sich kaum eine Äußerung zu Hitler entgehen lassen, der in den Notizen häufig als »Bruder Straubinger« auftritt. Wir wollen beiden Seiten nicht zuviel vorwegnehmen.

Wie aber steht es mit dem roten Faden? Was erfahren wir aus dem *Glossarium* über das Zentrum von Schmitts geistiger Existenz? Die direkteste Antwort, die Schmitt gibt, lautet: »Das ist das geheime Schlüsselwort meiner gesamten geistigen und publizistischen Existenz: das Ringen um die eigentlich katholische Verschärfung (gegen die Neutralisierer, die ästhetischen Schlaraffen, gegen Fruchtabtreiber, Leichenverbrenner und Pazifisten). Hier, auf diesem Wege der katholischen Verschärfung, ... blieben sie alle von mir weg, selbst Hugo Ball. Es blieben mir nur Konrad Weiß und treue Freunde wie Paul Adams« (165).

Hören wir eine weitere, nicht weniger bemerkenswerte Selbstdeutung. Schmitt hat sie im Original französisch formuliert: »Ich habe mich freilich nicht geändert. Meine Freiheit gegenüber Ideen ist grenzenlos, weil ich im Kontakt mit meinem unokkupierbaren Zentrum bleibe, das keine ›Idee‹, sondern ein historisches Ereignis ist: die Inkarnation des Gottessohnes. Für mich ist das Christentum nicht in erster Linie eine Doktrin, noch eine Moral, nicht einmal (verzeihen Sie) eine Religion; es ist ein historisches Ereignis« (283). Das wichtigste, das alles entscheidende historische Ereignis, die »Achse der Weltgeschichte«, ist die Menschwerdung Gottes. Schmitt gibt sich im *Glossarium* unverhüllt als politischer Theologe zu erkennen. Politische Theologie im prägnanten Sinne als Politische Theorie verstanden, die für sich in Anspruch nimmt, auf Offenbarung gegründet zu sein. Eine Theorie, die sich aus dem Gehorsam gegen die höchste Autorität, die sich mithin *selbst* als geschichtliches Handeln im »Stande der Probe und des Gerichts« begreift.

Die Deutung des politischen Theologen Schmitt steht in einem grundsätzlichen Gegensatz zu dem bei Freund und Feind vorherrschenden Bild vom Existentialisten oder Nihilisten Schmitt. In dieser Interpretation ist von Offenbarung und Christentum keine Rede. Sie geht auf einen Essay zurück, den Karl Löwith 1935 pseudonym unter dem Titel *Politischer Dezisionismus* veröffentlichte. Seitdem wurde sie in ungezählten Aufsätzen und Dissertationen variiert und in kruderen Versionen immer aufs neue wiederholt. Inzwischen ist es zu einem Gemeinplatz geworden, Carl Schmitt, Ernst Jünger und Martin Heidegger in einem Atemzug zu nennen, als handele es sich um ein und dieselbe Sache.

Beginnen wir beim Persönlichen. Schmitt kannte Jünger aus der gemeinsamen Berliner Zeit Anfang der 30er Jahre und blieb sein Leben lang mit ihm in Kontakt. Dagegen kann man im Falle Heideggers von einem »Nicht-Verhältnis« sprechen. Bekannt ist lediglich ein kurzer Brief vom 22. August 1933, in dem Heidegger sich für die gerade erschienene dritte Fassung des *Begriffs des Politischen* bedankt, die der Preußische Staatsrat dem Rektor der Freiburger Universität zugesandt hatte. Daß Schmitt, der mit Gott und der Welt in Verbindung stand, keine, oder zumindest keine ausgedehnte

Korrespondenz mit Heidegger unterhielt, daß er den bekanntesten Philosophen seiner Zeit nicht wie hunderte anderer Zeitgenossen mit Sonderdrucken bedachte, ist bemerkenswert.

Im *Glossarium* kommt keine Person so häufig vor wie Ernst Jünger. Keine auch wird so häufig mit schneidender Kritik bedacht, mit verächtlichen Attributen belegt, mit beißendem Spott überzogen. Die Kritik an »Martin dem Heidegger« (111) ist im Ton moderater, in der Sache darum kaum weniger scharf. So unterschiedlich die Beziehungen zu beiden waren und so verschieden die »Fälle« im übrigen liegen, so deutlich ist, daß Jünger wie Heidegger am Ende aus der Position des Offenbarungsgläubigen kritisiert werden. Beide erscheinen Schmitt als »Ich-verpanzert«, Jünger nennt er obendrein einen »Ich-verrückten-Rechthaber« (293). Die »Ich-Verpanzerten« und »Ich-Verrückten« aber »enden bei der Ehe mit ihrem eigenen Echo« (111, 192). Sie sind nicht offen für den »Anruf« des Herrn der Geschichte. Schmitt sieht sich durch einen Abgrund von Heideggers »Atheismus« getrennt.

»Ich kenne den Psalm und lese in der Bibel: ›Der Herr ist mein Hirt, mir wird nichts mangeln.‹ Ich kenne die moderne Philosophie und lese bei Heidegger: Der Mensch ist der Hirt (des Seins)« (232). Das Zentrum von Schmitts Denken wird durch das erhellt, was ihm am Gegner auffällt, wogegen er sich wendet. Schmitt gewinnt seine konkrete Gestalt in der Auseinandersetzung mit dem Feind. Die Haltung gegenüber einem Leben, das sich dezidiert auf den »Boden menschlicher Weisheit« stellt, ist deshalb ein Testfall für die Position des politischen Theologen.

Die Attacke auf die »Ich-Verpanzerung«, den »Atheismus« und »Nihilismus« der Philosophen gehört zu den Leitmotiven des *Glossariums*. Sie beginnt beim Spott über Descartes: »Cogito ergo sum – sum, sum, sum, Bienchen summ herum« (58). Sie setzt sich fort in der Zurechtweisung Nietzsches: »Eine Philosophie des Willens zur Macht ... ist der Gipfel miserabelster Geschmacklosigkeit und existenzieller Dummheit« (49). Und sie kulminiert in der Anklage Spinozas: »Die dreisteste Beleidigung, die jemals Gott und den Menschen zugefügt worden ist und die alle Flüche der Synagoge rechtfertigt, liegt in dem ›sive‹ der Formel: Deus sive Natura« (28), in der Gleichsetzung also von Gott und Natur.

Der »heraklitische Epimetheus Hegel« – auch er ein Atheist und »Nihilist« – ist »nur ein Abfall« vom »christlichen Epimetheus« (212). Es erscheint Schmitt als ein »Unglück«, daß der »öffentlich-rechtliche Denker«, den er schätzt, Philosoph war (107). Hobbes schließlich ist nur so zu retten, daß er à tout prix zum gläubigen Christen gemacht wird: »Der wichtigste Satz des Thomas Hobbes bleibt: Jesus is the Christ« (243).

Der rote Faden, der im *Glossarium* ungeschützt zutage liegt, war schon vor dieser Nachlaßpublikation erkennbar. Er ließ sich in den Schriften Schmitts während aller Phasen seines wechselvollen Lebens verfolgen, die Zeit des »Dritten Reiches« nicht ausgenommen. Allerdings bedurfte es einer sorgfältigen Lektüre.

So geht etwa, um ein Beispiel zu nennen, das mehr als ein Beispiel ist, alles Wichtige aus dem offen-verdeckten Dialog hervor, den Schmitt 1932/1933 mit dem politischen Philosophen Leo Strauss über den *Begriff des Politischen* führte. Nur ist der Dialog in der uferlosen Literatur über Schmitt lange unbeachtet geblieben. Schmitt legt uns mit dem *Glossarium* weder das Zeugnis einer späten Konversion vor, noch wird uns etwas offenbart, das uns prinzipiell verschlossen war.

Wird Schmitt weniger »interessant«, wird er »harmloser«, wenn wir sein Selbstverständnis ernstnehmen? Keineswegs. Weshalb sollten die Irrungen eines »christlichen Epimetheus«, der sich in die Aporien der Geschichtstheologie und der apokalyptischen Erwartung des »Antichrist« verstrickt, von geringerem Interesse sein als die Charakterprobleme des »Opportunisten« oder der »klare Fall« des »Nihilisten«?

Werden Schmitts antisemitische Tiraden harmloser, weil sie ihre Energie aus den Quellen eines offenbarungsgläubigen

Antijudaismus beziehen? »Salus ex Judaeis? Perditio ex Judaeis? Erst einmal Schluß mit diesen vordringlichen Judaeis! Als wir [Christen] in uns uneins wurden, haben die Juden sich subintroduziert. Solange das nicht begriffen ist, gibt es kein Heil. Spinoza war der erste, der sich subintroduzierte« (290). Was Schmitt 1950 im *Glossarium* notiert, könnte dem Ton wie der Sache nach ebensogut in seinem Buch über den *Leviathan in der Staatslehre des Thomas Hobbes* von 1938 stehen. Hier ist mehr im Spiel als »Opportunismus« und »Zeitgebundenheit«.

Wer die Auseinandersetzung mit Schmitt im Ernst aufnehmen will, muß wissen, wo Schmitt steht und mit wem er es zu tun hat. Mit Schmitts »geliebtem Bruno Bauer-Zitat« (116) zu reden: »Erobern kann nur derjenige, der seine Beute besser kennt als sie sich selbst.«

Epilog

Eine theologische oder eine philosophische Politik der Freundschaft?

Fidem a philosophia separare
totius dialogi praecipuum intentum.

Seit der Erstveröffentlichung dieses Buches im Frühjahr 1988 hat die Auseinandersetzung um Carl Schmitt eine tiefgreifende Veränderung erfahren. Ein Kritiker, der die jüngere Schmitt-Literatur sichtete, kam 1993 zu dem Urteil, dem *Dialog unter Abwesenden* sei es gelungen, der mit zunehmender Intensität geführten Diskussion eine neue Richtung zu geben, die schmale Schrift habe »eine theologische Wendung der Debatte« bewirkt. Daran mag soviel richtig sein, daß die Politische Theologie inzwischen unübersehbar in den Mittelpunkt der Aufmerksamkeit gerückt ist: Zunächst im Hinblick auf die angemessene Interpretation des ebenso weitgespannten wie verschlungenen Œuvre von Schmitt, sodann in Rücksicht auf die Auseinandersetzung mit der Sache selbst, die in dieser Interpretation in Frage steht. Die in *Carl Schmitt, Leo Strauss und »Der Begriff des Politischen«* begründete und in dem 1994 vorgelegten Zwillingsbuch *Die Lehre Carl Schmitts. Vier Kapitel zur Unterscheidung Politischer Theologie und Politischer Philosophie* weiter entfaltete Deutung Schmitts als eines Repräsentanten der Politischen Theologie hat während des vergangenen Jahrzehnts in ungezählten Aufsätzen und Monographien, Artikeln und Vorträgen ihren Widerhall gefunden. Einige Autoren haben sich die These, das Zentrum von Schmitts Denken sei sein Offenbarungsglaube, so umstandslos zu eigen gemacht, und mancher Dissertation ist sie schon zu einer solchen Selbstverständlichkeit geworden, daß ein anderer Kritiker 1996 meinte seinen Lesern eröffnen zu können, niemand habe jemals etwas anderes über das Zentrum von Schmitts Denken behauptet. Dieser eigenwilligen Wahrnehmung muß man wohl den starken Eindruck zugute halten, den die Publikation von Schmitts bis dahin unbekannt gebliebenem Nachlaßwerk *Glossarium. Aufzeichnungen der Jahre 1947–1951* im Sommer 1991 vielerorts hervorrief. Tatsächlich gibt das *Glossarium* Schmitts Glaubenszentrum und seine grundsätzliche Unterscheidung von Freund und Feind deutlicher zu erkennen, als dies die zu Schmitts Lebzeiten erschienenen Schriften getan hatten. Die Reflexionen und Bemerkungen, die Schmitt mehr als drei Jahrzehnte vor seinem Tod notierte, lesen sich über weite Strecken wie eine postume Bekräftigung der Interpretation, die dem jetzt in einer Neuausgabe veröffentlichten Dialog 1988 zugrunde lag.

Wenn es zutrifft, daß das gegenwärtige Buch der Debatte um Schmitt eine »theologische Wendung« gab, so steht die philosophische Wendung offenbar noch aus. Oder sie liegt wenigstens nicht allgemein zutage. Damit stimmt zusammen, daß die Rezeption des *Dialogs unter Abwesenden*, der von Politischer Theologie *und* von Politischer Philosophie, von Carl Schmitt *und* von Leo Strauss handelt, sich bisher – erste abweichende Beiträge im angelsächsischen Bereich ausgenommen – beinahe durchweg auf eine Seite des Dialogs, nämlich auf Schmitt und auf die Politische Theologie, konzentriert hat. Im Falle der *Lehre Carl Schmitts* verhält es sich ähnlich. Auch hier steht die Diskussion gerade jener Teile, die zu einer philosophischen Wendung der Debatte beitragen mögen, ganz am Anfang: ich denke etwa an die Untersuchung, die um die Bedeutung der Politik für die Selbsterkenntnis kreist und die insonderheit dem Konzept der Bestimmung der eigenen Identität vermittels der Bestimmung des Feindes gilt, oder an die Analyse des komplexen Verhältnisses Schmitts zu Thomas Hobbes, von der Kritik der Moral und noch Naheliegenderem gar nicht zu reden.[1]

---

1 Für Leser, die an der philosophischen Debatte interessiert sind, könnte es aufschlußreich sein, die Auslegung von Schmitts *Weisheit der Zelle* in *Die Lehre Carl Schmitts*. Stuttgart–Weimar 1994, p. 75–94 mit der Interpretation desselben Textes zu vergleichen, in der Jacques Derrida seinen Kommentar zu Schmitt in *Politiques de l'amitié*. Paris 1994, p. 184–193 kulminieren läßt. Es handelt sich um die ersten beiden Interpretationen, die sich mit der Meditation über den Feind in *Ex Captivitate Salus* eingehender auseinandersetzen.

Bei diesem Stand der Dinge möchte ich die Gelegenheit ergreifen, die die Neuausgabe meines Dialogs bietet, um die These zur Politischen Theologie von der einen oder anderen Übermalung und Verwischung der letzten Jahre zu trennen. In den Teilen II und III des Epilogs versuche ich, einige Linien der Auseinandersetzung auszuziehen, die ich in den beiden Büchern von 1988 und 1994 mit ständigem Bezug auf Carl Schmitt führte. Der zweite Teil enthält Anmerkungen zu Jacques Derridas *Politiques de l'amitié*, der dritte ist der Frage des rechten philosophischen Umgangs mit dem theologisch-politischen Problem gewidmet. Neu kommt in der vorliegenden Ausgabe der Artikel *Der Philosoph als Feind* hinzu. Ich schrieb ihn anläßlich der Veröffentlichung des *Glossariums* auf Einladung des Nachrichtenmagazins »Der Spiegel«, wo er als weltweit erste Besprechung von Schmitts Opus postumum Ende Juli 1991 in einer gekürzten Fassung gedruckt wurde. Eine englische Übersetzung erschien 1994 im »Graduate Faculty Philosophy Journal« der New School for Social Research, New York.[2] Die Übersetzung beruht auf dem ursprünglichen Wortlaut der Besprechung, die seit 1991 in Xerokopien zirkulierte. Der Artikel wird hier zum erstenmal in seiner authentischen Gestalt zugänglich gemacht. Der Text des Buches von 1988 blieb unangetastet. Ich habe mich auf die Berichtigung einer Handvoll Druckfehler beschränkt und auch auf jeden Zusatz verzichtet.[3] Deshalb will ich an dieser Stelle erwähnen, was ich zuvor in einer Fußnote der *Lehre*

2 *The Philosopher as Enemy: On Carl Schmitt's »Glossarium«.* Graduate Faculty Philosophy Journal, 17, nos. 1–2, 1994, p. 325–332. Die Übersetzung besorgte Marcus Brainard.
3 Eine kleine Ergänzung kann ich zu meiner Bemerkung über die Ratlosigkeit und das Erstaunen Karl Löwiths angesichts einer wichtigen Änderung in der dritten Fassung des *Begriffs des Politischen*, die sich nicht aus Schmitts »politischem Okkasionalismus« erklären ließ, (S. 15, FN 6 und S. 70, FN 64) nachtragen. 1995 erwarb ich aus Löwiths Bibliothek das im Juni 1937 erschienene Heft 3 des 4. Jahrgangs der Zeitschrift Völkerbund und Völkerrecht. Auf den Seiten 139–145 ist Schmitts Vortrag *Totaler Feind, totaler Krieg, totaler Staat* abgedruckt, den Löwith in Rom gehört hatte (cf. *Mein Leben in Deutschland vor und nach 1933. Ein Bericht.* Stuttgart 1986,

Carl Schmitts mitteilte: Nach Erscheinen des *Dialogs unter Abwesenden* wandte sich ein alter Weggefährte Schmitts, der Jurist Günther Krauss, an mich. Er hatte 1932/33 bei Schmitt an einer Dissertation über den protestantischen Kirchenrechtler Rudolph Sohm gearbeitet.[4] 1988 berichtete er mir, Schmitt habe ihn seinerzeit auf Strauss' *Anmerkungen* zum *Begriff des Politischen* mit den Worten hingewiesen:»Das müssen Sie lesen. Er hat mich wie kein anderer durchschaut und durchleuchtet.«

p. 86/87). Der Aufsatz enthält zwei Eintragungen Löwiths: Auf p. 141 ist die Aussage »Der totale Krieg aber erhält seinen Sinn durch den totalen Feind« hervorgehoben, und im Schlußsatz auf p. 145 »Das schlimmste Unheil aber tritt erst ein, wenn, wie im Kriege 1914–1918, die Feindschaft sich aus dem Kriege entwickelt, statt daß, wie es richtig und sinnvoll ist, eine vorherbestehende, unabänderliche, echte und totale Feindschaft zu dem Gottesurteil eines totalen Krieges führt« hat Löwith das Wort *Gottesurteil* unterstrichen und am Rand mit zwei Ausrufungszeichen versehen. Cf. *Die Lehre Carl Schmitts*, p. 90 ff.

4 Die Dissertation kam 1936 bei der Hanseatischen Verlagsanstalt in Hamburg, Schmitts damaligem Hausverlag, unter dem Titel *Der Rechtsbegriff des Rechts. Eine Untersuchung des positivistischen Rechtsbegriffs im besonderen Hinblick auf das rechtswissenschaftliche Denken Rudolph Sohms* heraus. Im Jahr davor hatte Schmitt eine Einleitung und ein Nachwort zur *Disputation über den Rechtsstaat* zwischen Günther Krauss und Otto von Schweinichen beigesteuert, die innerhalb der von Schmitt herausgegebenen Reihe »Der deutsche Staat der Gegenwart« im gleichen Verlag erschienen war.

I

Wenn eine These im Begriff steht, zu einer Selbstverständlichkeit zu gerinnen oder abgeschliffen zu werden, mag es an der Zeit sein, ihr ihre Widerstrebigkeit zurückzugeben und sie in ihre ursprüngliche Schärfe wiedereinzusetzen. Beginnen wir die restitutio in integrum damit, daß wir für jedermann vernehmlich aussprechen, was die vorliegende Deutung nicht besagt und was sie durchaus nicht zum Ziel hat: Weder geht es in ihr darum, Schmitt »aus seiner katholischen Herkunft zu erklären« oder seine »Assimilierung an ein dogmengestähltes Wissen« kirchlicher Autoritäten zu demonstrieren, noch handelt es sich um den Versuch, »das gesamte Werk Schmitts« auf die »Applikation einer Theologie« zu reduzieren oder es als »Ausfluß katholischer Weltanschauung« auszuweisen, den Ariadnefaden der Interpretation gar »von der katholischen Moralphilosophie her aufzunehmen«, und was der Behauptungen in der Rezeption der letzten Jahre mehr waren. Die These, daß das Zentrum und der Zusammenhang von Schmitts Denken als Politische Theologie zu bestimmen sei, ist von vielen als These über die alles entscheidende Bedeutung von Schmitts Katholizismus verstanden worden. Nach Aussagen zu Schmitts Katholizismus, die eine solche Gleichsetzung nahelegen könnten, wird man indes sowohl in *Carl Schmitt, Leo Strauss und »Der Begriff des Politischen«* als auch in *Die Lehre Carl Schmitts* vergeblich suchen. Nicht zufällig ist dort weder von einer »katholischen Grundprägung« noch von einer »katholischen Grundeinstellung« oder einer »katholischen Grundstellung« Schmitts die Rede.[5]

---

5 An einer Stelle, im vierten Absatz von *Carl Schmitt, Leo Strauss*, wird Schmitt als *katholischer Staatsrechtslehrer* bezeichnet, und zwar im Kontext der dreifachen Charakterisierung *Preußischer Staatsrat, katholischer Staatsrechtslehrer* und *Berliner Professor der Rechte*. Offenkundig handelt

Statt dessen wird der aufmerksame Leser an geeignetem Ort auf den Hinweis stoßen, daß Schmitt sich in einem öffentlichen Räsonnement, das unmittelbar und ausdrücklich die katholische Kirche betraf, »wie bei so vielen Gelegenheiten davor und danach eher ›protestantisch‹ verhielt, weder der intermediären Instanzen achtend noch auf Repräsentation bauend, sich einzig auf den eigenen Glauben oder auf die souveräne Autorität beziehend«.[6]

Die konfessionelle »Einordnung« bewegt sich weder auf der Höhe von Schmitts Problem noch wird sie seiner Statur gerecht. Indem sie ein trügerisches Bescheidwissen suggeriert, ist sie darüber hinaus geeignet, uns vom Wichtigsten abzulenken, was die Auseinandersetzung mit Schmitt von uns verlangt und für uns bereit hält: Schmitt selbst zu denken. Ebendarauf zielt umgekehrt die These der Politischen Theologie. Mit ihr soll der Zusammenhang eines Denkens bestimmt werden, in dessen Zentrum der Offenbarungsglaube steht: eine Position, die nicht anders zu begreifen ist als dadurch, daß wir sie bis zu dem Punkt – auf ihn hin und von ihm ausgehend – denken, an dem sie ihrem eigenen Anspruch oder Geständnis zufolge dem Denken Einhalt gebietet. Daß die konfessionelle Verortung zu kurz greift, haben die neueren, zum Teil umfangreichen Arbeiten plastisch vor Augen geführt, die Schmitt im Kontext der katholischen Gruppierungen und Freundeskreise aufsuchen, zu denen er in einzelnen Abschnitten seines Lebens engere Kontakte unterhielt und die manche seiner Überzeugungen mit ihm gemeinsam hatten, nicht selten auch seine politischen Hoffnungen und Befürchtungen teilten. Studien dieser Art können Interessantes über Schmitts Umfeld zutage fördern und uns in weiteren Rücksichten historisch belehren. In der Vogelperspektive der »Hi-

es sich nicht um die Formulierung der These des Buches, sondern um eine erste Annäherung im Rahmen einer Beschreibung der, wie eigens hinzugesetzt wird, *Umstände* eines Dialogs, welcher bis dahin als Dialog nicht erkannt worden war (S. 17/18).

6 *Die Lehre Carl Schmitts*, p. 223/224.

storisierung« gerät jedoch allzu leicht aus dem Blick, was Schmitt von den Zeitgenossen unterscheidet, die, wie wir erfahren, mehr oder weniger die gleiche »Weltanschauung« vertraten und von denen heute oft kaum noch die Namen geläufig sind. Ausgeblendet bleibt das, was die konfessionelle Klassifizierung sprengt und das bloß historische Interesse übersteigt: die Fragen, die Schmitts Doktrinen vorausliegen, die Absichten, die er mit seinen Begriffen und Interventionen verfolgt, die Art und Weise, in der er sich über seine Theoriebildung Rechenschaft ablegt, mit einem Wort, abermals der Begründungszusammenhang seines Denkens oder das eigentliche Drama seiner Existenz.

Daß die Auseinandersetzung mit der Politischen Theologie am Ende nicht diesem oder jenem Lehrgebäude gilt, sondern die Begründung und Behauptung einer existentiellen Position betrifft, ist das offene Geheimnis des *Dialogs unter Abwesenden* wie der *Vier Kapitel* von 1994. Wenn der politische Theologe mit sich selbst im Einklang bleiben will, muß er die grundlegenden Forderungen seiner Theorie auf die eigene Aktivität anwenden und seine Theoriebildung als geschichtliches Handeln begreifen, das unter dem Gebot des Gehorsams steht. Denn das Gebot des Gehorsams gegenüber der souveränen Autorität Gottes und der Primat des geschichtlichen Handelns, der sich aus diesem Gebot ergibt, sind unverzichtbare Postulate einer Politischen Theorie, die für sich in Anspruch nimmt, auf den Glauben an die göttliche Offenbarung gegründet zu sein. Daß der politische Theologe die Postulate seiner Theorie mit seiner Existenz als Theoretiker zusammenschließt, unterscheidet ihn vom bloßen Doktrinär, der sich unter Verweis an festgefügte Traditionen oder übergeordnete Institutionen von den Problemen zu entlasten sucht, die das Gebot des Gehorsams für das »geschichtliche Handeln« im allgemeinen und für das »geschichtliche Handeln« des Theoretikers im besonderen aufwirft. Was den politischen Theologen auszeichnet, ist zum einen das Bewußtsein, daß die Probleme, die aus den Forderungen der Politischen Theologie erwachsen, mit Mitteln der Vernunft nicht zu lösen sind, zum anderen die Intransigenz, mit der er gleichwohl auf der Unabweisbarkeit jener Forderungen beharrt. In Schmitts Rede vom »blinden Vorgebot« kommt diese Zweistrebigkeit sinnfällig zum Ausdruck. Man wird mit gutem Grund sagen können, der Historismus verschärfe die Problematik, der sich der politische Theologe gegenübersieht, für den »christlichen Epimetheus« erheblich. Sie ist an ihr selbst jedoch keineswegs von Schmitts Historismus abhängig. Was Schmitt in Gestalt der Frage des Selbstbetrugs, wer vor ihm Schutz biete und wie ihm zu entkommen sei, ein Leben lang nicht losläßt,[7] das haben einige der bedeutendsten politischen Theologen während der letzten zwei Jahrtausende im Widerstreit von Gnade und Gerechtigkeit zu fassen und für sich zu bezähmen versucht. Keiner unter ihnen – von Paulus bis Calvin, von Augustinus bis Luther – hat in der Verkündigung überlieferter Lehrmeinungen sein Genüge gefunden.[8]

Der Rang eines politischen Theologen zeigt sich nicht zuletzt daran, in welcher Klarheit er die existentielle Position, die seiner Lehre entspricht, von jener Position zu unterscheiden weiß, die ihr grundsätzlich entgegengesetzt ist. Die Frage nach seiner Haltung gegenüber der Politischen Philosophie kann daher einem angemessenen Verständnis seines Denkens nicht äußerlich bleiben. Es spricht für die Kohärenz von Schmitts Position, daß er, wenn nicht über einen deutlichen Begriff, so jedenfalls über ein sicheres Gespür für die Scheidelinie verfügt, die ihn von den Philosophen trennt.[9] Nur ein

7 Siehe S. 88–91 und *Die Lehre Carl Schmitts*, p. 37–39, 77–86, 137–141, 204–207, 252/253.
8 Zur tiefsten Problematik, auf die alle anderen Probleme zurückverweisen, vor denen der politische Theologe steht, cf. *Die Lehre Carl Schmitts*, p. 141–145.
9 Jacques Derrida charakterisiert Schmitt u. a. als »penseur catholique«, »penseur traditionaliste et catholique du droit européen«, »juriste hypertraditionaliste de la droite catholique«, »grand juriste conservateur catholique«, »une sorte de néo-hegelien catholique qui a un besoin essentiel de se tenir à une pensée de la totalité« (*Politiques de l'amitié*, p. 102, 108, 162; *Force de loi. Le »Fondement mystique de l'autorité«*. Paris 1994, p. 77;

Kritiker, dem das, was Schmitt am wichtigsten war, Hekuba ist oder der nicht zu erkennen vermag, daß die Unterscheidung zwischen Politischer Theologie und Politischer Philosophie weder wissenschaftliche Disziplinen noch relativ selbständige Sachgebiete menschlichen Denkens und Handelns, sondern eine existentielle Alternative betrifft, kann die Unterscheidung Politischer Theologie und Politischer Philosophie als »scholastisch« vernachlässigen. Was wäre weniger nebensächlich als die Opposition zwischen einem Leben, das sich in der Gewißheit der göttlichen Offenbarung verankert glaubt, und einem, das sich ganz auf den Boden menschlicher Weisheit stellt? Was wäre weniger gleichgültig als die Differenz zwischen einem Denken, das sich im Gehorsam des Glaubens bewegen und begreifen will, und einem, das sich durch keine Autorität gebunden weiß und nichts von seinem Fragen ausnimmt? Welchen Unterschied jene Opposition hinsichtlich der Stellung zu Moral, Politik, Offenbarung und Geschichte begründet und welche Auswirkung diese Differenz für die Erfahrung hat, die der Interpret in der Auseinandersetzung mit dem jeweiligen Œuvre machen kann, bis zu welchem Punkt er im einen und im anderen Fall zu gelangen vermag, wird für den sichtbar, der sich ohne Vorbehalte darauf einläßt, die Sache des politischen Theologen wie die des politischen Philosophen zu denken, und der alle Anstrengungen unternimmt, beide so zu verstehen, wie diese sich selbst verstanden haben oder selbst verstehen.[10]

Zu den Vorzügen der Unterscheidung Politischer Theologie und Politischer Philosophie zählt, daß sie die begriffliche

Adieu à Emmanuel Lévinas. Paris 1997, p. 161). Diese vergleichsweise konventionelle Einordnung geht zusammen mit einer Unterschätzung von Schmitts wenig konventioneller Opposition zu Heraklit, Hegel, Nietzsche oder Heidegger, um nur die für Derrida wichtigsten Philosophen in unserem Zusammenhang zu nennen.
10 Zu der Erfahrung, die der Interpret in der Auseinandersetzung mit dem Œuvre eines Philosophen machen kann, siehe meine Schrift *Die Denkbewegung von Leo Strauss. Die Geschichte der Philosophie und die Intention des Philosophen*. Stuttgart—Weimar 1996, p. 41–43. Vergleiche dazu S. 77 und *Die Lehre Carl Schmitts*, p. 138, 142, 145, 147/148.

Symmetrie wahrt. Sie erlaubt eine Unterscheidung in der Sache – und zwar in Rücksicht auf die Frage, die von beiden Positionen aus als die zentrale Frage angesehen wird –, ohne einer Diskriminierung Vorschub zu leisten. Die Symmetrie der Unterscheidung setzt voraus, daß beide Seiten sich nicht nur im Hinblick auf die Bestimmung dessen wiedererkennen, was sie trennt, sondern daß sie den Begriff, der ihre Position bezeichnet, auch zur Selbstcharakterisierung verwenden können. In dem Sinne, in dem wir sie gebrauchen, ist die Unterscheidung deshalb erst durch die positive Umbesetzung möglich geworden, die Schmitt in diesem Jahrhundert für die Politische Theologie erreicht hat. Denn bis zu dem Zeitpunkt, zu dem Schmitt sich den Begriff zu eigen machte, war »Politische Theologie« ein Terminus der Kritik, des Angriffs und der Abwehr. Er diente dazu, die Position *anderer* zu charakterisieren, mit der Absicht, sie von vornherein ins Unrecht zu setzen. Erst seit der Veröffentlichung von Schmitts Traktat *Politische Theologie* im Jahr 1922 wird der Begriff auch zur Benennung der *eigenen* Position oder zur Kennzeichnung eines sachlichen Zusammenhangs ohne polemische Absicht gebraucht. Durch die Befreiung aus der alten, negativen Festlegung hat Schmitt dem Begriff »Politische Theologie«, zu dessen Herkunft er sich nicht äußert und dessen Sinn er nirgendwo erörtert,[11] in den letzten 75 Jahren über alle politi-

11 Daraus mag sich teilweise erklären, weshalb die Frage der Politischen Theologie in der Schmitt-Literatur bis 1988 so gut wie keine Rolle spielte, obwohl Schmitt nicht weniger als dreimal in ganz unterschiedlichen geschichtlichen Augenblicken, 1922, 1934 und 1970, weithin sichtbar die Flagge *Politische Theologie* gehißt hatte. Unter dem Stichwort »Politische Theologie« wurde nicht viel mehr als das sogenannte Säkularisierungs-Theorem verhandelt. Die Politische Theologie führte in der Schwundform einer begriffsgeschichtlichen bzw. wissenschaftstheoretischen These, die bestimmte »Entsprechungen«, »Analogien«, »Struktur-Identitäten« in Theologie und Jurisprudenz zum Gegenstand haben sollte, ein Schattendasein an der Peripherie der Debatte – eine Ablenkung und Verharmlosung, die Schmitt selbst zuzeiten nach Kräften nährte (cf. *Die Lehre Carl Schmitts*, p. 56/57 n. 12). Daß angesichts eines solchen Begriffs von Politischer Theologie Schmitts »Arcanum« unerreichbar überdauerte, kann nicht in Erstaunen setzen.

schen und theologischen Frontlinien wie über Fächer- und Ländergrenzen hinweg zu einer veritablen Weltkarriere verholfen. Sache und Begriff konnten jetzt in Einklang gebracht werden.[12] Die Vorzüge der Unterscheidung Politischer Theologie und Politischer Philosophie erschöpfen sich indes nicht darin, daß sie auf der Übereinstimmung beider Positionen hinsichtlich ihrer grundlegenden Differenz in der Sache beruht und beiden die Möglichkeit gibt, den jeweiligen Begriff zur Selbstcharakterisierung aufzunehmen. Hinzu kommt, daß sie dem Selbstverständnis bzw. der Selbsterkenntnis der Repräsentanten der Politischen Theologie und der Politischen Philosophie gleichermaßen gerecht zu werden vermag. Ein Seitenblick auf die Begriffe »Politische Mythologie« oder »Politische Religionen« genügt, um diesen Vorzug zu verdeutlichen. Nicht nur, daß den Bezeichnungen »Politische Mythologie« und »Politische Religionen« das Interesse der »Ideologiekritik« oder die Absicht der Zurückweisung, sit venia verbo, an die Stirn geschrieben steht. Die Rede von den »Politischen Religionen« bringt den Wahrheitsanspruch der kritisierten Position gleichsam in der Außenwahrnehmung zum Verschwinden. Sie tritt nicht zufällig fast durchweg im Plural der Zusammenfassung auf, in dem die Unterschiede der Begründung oder die »subjektiven Faktoren« vernachlässigt sind. Und was die »Politische Mythologie« betrifft, so ist der Wahrheitsanspruch hier bereits im Begriff verneint. Der politische Mythologe mag sich sehr genau über die Ziele im klaren sein, die er mit der Herstellung oder der Verbreitung von Mythen verfolgt, er kann sich jedoch schlechterdings nicht selbst im

---

12 Im vorliegenden Buch habe ich mitgeteilt, aus welchem Arsenal Schmitt den Begriff aufnahm, und erläutert, in welchen Verwendungen er sich seiner bediente (S. 84–87). Die Zäsur, die das Jahr 1922 in der Geschichte des Begriffs »Politische Theologie« bedeutet, ist in *Die Lehre Carl Schmitts*, p. 22/23 und 257–259 kenntlich gemacht. Einen zusammenfassenden Überblick gibt mein Aufsatz *Was ist Politische Theologie? Einführende Bemerkungen zu einem umstrittenen Begriff* in Jan Assmann: *Politische Theologie zwischen Ägypten und Israel*. München 1992; zweite, durchgesehene Auflage 1995, p. 7–19.

Horizont dessen begreifen, was er als unwahr durchschaut.[13] Die Unterscheidung Politischer Theologie und Politischer Philosophie hilft demgegenüber auseinanderzuhalten, was nicht zusammengehört und doch, ohne Rücksicht auf das Wichtigste, häufig vermengt wird,[14] weil sie es gestattet, radikal ernst zu nehmen, was radikal ernstgenommen zu werden verdient.

Wenn wir Schmitts Wahrheitsanspruch ernst nehmen wollen, müssen wir uns mit seiner Politischen Theologie auseinandersetzen. Aber, so wird der eine oder andere vielleicht fragen, welchen Grund gibt es, ihn ernst zu nehmen? Gebie-

13 Schmitt, der von manchen Kritikern als Vertreter der »Politischen Mythologie« angesehen wird, hat in ebendem Buch, in dem er die Theorie des Mythos von Georges Sorel zum erstenmal erörtert und in dem er die »Mythologie des Nationalen« gegen die »inferiore Mythologie« des Sozialismus absetzt, seine grundsätzliche Distanz gegenüber der »Politischen Mythologie« zu Protokoll gegeben: »Freilich, die ideelle Gefahr derartiger Irrationalitäten ist groß. Letzte, wenigstens in einigen Resten noch bestehende Zusammengehörigkeiten werden aufgehoben in dem Pluralismus einer unabsehbaren Zahl von Mythen. Für die politische Theologie ist das Polytheismus, wie jeder Mythus polytheistisch ist. Aber als gegenwärtige starke Tendenz kann man es nicht ignorieren.« (*Die geistesgeschichtliche Lage des heutigen Parlamentarismus.* München und Leipzig 1923, p. 65; zweite Auflage 1926, p. 89.) In der Haltung des politischen Theologen gehen Freiheit, Gehorsam und das Erfordernis der beständigen Selbstvergewisserung eine eigentümliche Verbindung ein: Der politische Theologe nimmt etwas »als gegenwärtige starke Tendenz« wahr, dessen er sich in seinem »geschichtlichen Handeln« bedienen, ja zu dessen Fürsprecher er sich aus dem Gehorsam seines Glaubens heraus machen kann, ohne daß er sich deshalb mit jener »Tendenz« identifizierte, d. h. ohne daß er für einen Augenblick die eigene Position aus dem Auge verlöre und mit ihr den Abgrund, durch den eine »politische Mythologie« oder eine andere aktuelle Tendenz von der Wahrheit des Glaubens getrennt ist. (Siehe dazu *Die Lehre Carl Schmitts*, p. 220–223.) Im *Glossarium* hat Schmitt die existentielle Voraussetzung dieser Haltung folgendermaßen zum Ausdruck gebracht: »Ma liberté vis-à-vis des idées est sans bornes parce que je reste en contact avec mon centre inoccupable qui n'est pas une ›idée‹ mais un événement historique: l'incarnation du Fils de Dieu« (p. 283).

14 So ist, um ein Beispiel zu nennen, das in der Diskussion um die Politische Theologie lange Zeit eine prominente Rolle spielte, Rousseaus *Religion civile* ein Konzept der Politischen Philosophie. Die »Glaubensartikel«, die Rousseau in *Du contrat social* IV, 8 »comme sentiments de sociabilité« postuliert, werden von einem politischen Theoretiker vorgeschlagen, der dezidiert kein politischer Theologe war und der die Voraussetzungen der Politischen Theologie einer weitreichenden Kritik unterzog. Cf. *Die Lehre Carl Schmitts*, p. 137/138, 154/155.

tet es der historische Takt, daß wir einen Denker der Vergangenheit so zu verstehen suchen, wie er sich selbst verstand? Oder haben wir etwa die moralische Pflicht, dem Denken des Anderen als Anderen, ohne Ansehen der Person, gerecht zu werden? Solange wir Schmitt nicht als politischen Theologen ernst nehmen, bleibt er für uns unter seinen Möglichkeiten, und wir bleiben unter den unseren. Wir bringen uns um das, was die Aufgabe, Schmitt zu denken, im Falle des Gelingens für uns eröffnet: Klarheit über die Sache der Politischen Theologie zu gewinnen. Der Schaden trifft uns, nicht Schmitt. Um das einzusehen, brauchen wir uns nicht einmal in Erinnerung zu rufen, daß wir es mit einem Autor zu tun haben, der sich die Maxime notierte: »Gib Deinen Feinden keine Möglichkeit, Dich zu begreifen. Solange sie Dir Unrecht tun, haben sie Dich nicht begriffen.«[15] Man tut Schmitt Unrecht, wenn man in ihm nur einen katholischen Doktrinär, einen politischen Mythologen oder einen Wortführer des Antiliberalismus sieht. Das alles, und einiges mehr, mag Schmitt bis zu einem gewissen Grade gewesen sein. Aber nichts davon reicht aus, um ihn zu begreifen. Hier liegt einer der Gründe für das Echo, das die These der Politischen Theologie in der vergangenen Dekade gefunden hat: Carl Schmitt ist nicht angemessen zu begreifen, wenn man das Zentrum und den Zusammenhang seines Denkens nicht als Politische Theologie begreift.[16] Einzig eine Deutung, die bei Schmitts Offenbarungsglaube ansetzt, vermag verständlich zu machen, was andernfalls in hohem Maße als disparat, rätselhaft, dunkel, wenn

15 *Glossarium*, p. 210; cf. p. 190, 216.
16 Das Zentrum und den Zusammenhang eines Denkens zu begreifen heißt nicht, jede Einzelheit durchzudeklinieren. Es heißt auch nicht, den Gelehrten mit dem Denker in eins zu setzen und die fachwissenschaftlichen Abteilungen seines Werkes mit dem Zentrum kurzzuschließen. Vor allem bedeutet es nicht, die Aktivität des Theoretikers auf die doktrinalen Gehalte zu reduzieren, die er mitteilt. Allerdings führt kein anderer Weg zu dieser Aktivität als der, der bei ihren Resultaten oder Sedimenten mit dem Aufstieg beginnt. Das sei in Rücksicht auf *Die Lehre Carl Schmitts* angemerkt für »jene, die Bücher nur nach deren Titel beurteilen« oder die nicht bis ans Ende gelangen, weil sie von Anfang an im Bilde sind.

nicht gänzlich inkonsistent erscheinen muß. Der Einwand einiger Kritiker, die These ziele auf eine Einheit, die nur für das Früh- und das Alterswerk anzunehmen sei oder die sich lediglich einer retrospektiven Überblendung der Brüche verdanke,[17] war so naheliegend, daß er den Gang der Beweisführung von Anfang an bestimmte. Deshalb wurde die Deutung an den beiden wichtigsten Büchern Schmitts erprobt, die weder dem Früh- noch dem Alterswerk zuzuordnen sind und die bis dahin nicht von jedermann als Zeugnisse der »katholischen Grundeinstellung« Schmitts herangezogen wurden: Der *Dialog unter Abwesenden* entwickelte die These der Politischen Theologie aus der Interpretation des *Begriffs des Politischen* in seinen drei Fassungen von 1927, 1932 und 1933, und *Die Lehre Carl Schmitts* machte den *Leviathan in der Staatslehre des Thomas Hobbes* von 1938 zum Testfall für die gesamte Auslegung.[18]

Ein anderer Grund für die Beachtung, die der Deutung Schmitts als eines politischen Theologen in der internationalen Debatte der letzten Jahre zuteil wurde,[19] ist das zuneh-

17 Ein Rezensent hielt mir nach Erscheinen des *Dialogs unter Abwesenden* entgegen, ich unterstellte »die durchgängige Einheit des christlichen Bekenntnisses, ohne auch nur Schmitts Konfessionszugehörigkeit zu diskutieren«.

18 Die Interpretation des *Leviathan*-Buches, mit der die Deutung steht und fällt, lag dem *Dialog unter Abwesenden* bereits zugrunde (cf. S. 50/51, FN 40). Beide Schriften wurden zur gleichen Zeit konzipiert. Als Ausgangspunkt für die Entfaltung des Arguments diente die Behauptung Hans Barions, Schmitt habe im *Begriff des Politischen* und im *Leviathan*-Buch eine »neue Position« eingenommen, die »einer thetischen Zerschneidung der geschichtlichen Nabelschnur zwischen Theologie und Politik gleichkommt«. »*Weltgeschichtliche Machtform*«? *Eine Studie zur Politischen Theologie des II. Vatikanischen Konzils* (1968) in: *Kirche und Kirchenrecht.* Paderborn 1984, p. 606.

19 *Carl Schmitt, Leo Strauss und »Der Begriff des Politischen«* liegt neben den drei deutschen Ausgaben von 1988, 1998 und 2013 in folgenden Übersetzungen vor: Französisch mit einem Vorwort von Pierre Manent, Paris 1990; japanisch mit einem Nachwort von Takashi Kurihara und Kiyoei Tagiguchi, Tokio 1993; amerikanisch mit einem Vorwort von Joseph Cropsey, Chicago und London 1995, revised paperback edition 2006; chinesisch, Peking 2002, mehrere Nachdrucke; spanisch, Buenos Aires und Madrid 2008; italienisch mit einem Anhang von Corrado Badocco, Siena 2011; russisch,

mende Interesse an der Politischen Theologie. Es speist sich
aus ganz unterschiedlichen Quellen und läßt sich in weit aus-
einanderliegenden Quartieren beobachten. Vier Aspekte seien
stichwortartig genannt. Der Kollaps des Sowjetimperiums
und die Erosion der marxistischen Hoffnungen, die ihm weltweit vorausging, haben mancherorts die Suche nach einer
neuen Glaubensgewißheit inspiriert. Die Offenbarungsreligionen versprechen nicht nur eine Sicherheit, an die keine der
verblaßten Ideologien heranreicht. Sie scheinen außerdem
einen wirksamen Gegenhalt zu der im globalen Maßstab
siegreichen Verbindung von Liberalismus und Kapitalismus zu
bieten, ja eine Alternative zum Säkularismus der Moderne
insgesamt zu eröffnen. Das Gewicht, das beiden Momenten im
politisch-religiösen Radikalismus antiwestlicher Prägung zu-
kommt, ist offenkundig. Es handelt sich bei ihm freilich nur
um eine, wenn auch um die gegenwärtig spektakulärste
Spielart des Wiedererstarkens der islamischen, jüdischen und
christlichen Orthodoxien. Sowohl die Entzauberung der poli-
tisch-antireligiösen Utopien als auch die Heilserwartungen,
die an die Errichtung eines Gottesstaates geknüpft sind, haben der Frage nach dem Verhältnis von Politik und Religion
eine Dringlichkeit zurückgegeben, die ihr lange Zeit nur wenige zuerkannten. Verglichen mit den drei skizzierten Ge-
sichtspunkten – den frei flottierenden Sehnsüchten nach
einer neuen, absoluten Verbindlichkeit, der Rückkehr der Orthodoxien und der Besinnung auf die Frage der theologisch-
politischen Grundlagen des Gemeinwesens – erscheint der
vierte Aspekt von nachgeordneter Bedeutung. Gleichwohl

Moskau 2012. *Die Lehre Carl Schmitts* erschien neben den vier deutschen
Ausgaben von 1994, 2004, 2009 und 2012 in einer amerikanischen Ausgabe, Chicago und London 1998, expanded paperback edition 2011; in chine-
sischer Übersetzung 2004, mehrere Nachdrucke; und auf italienisch, Siena
2013. Übersetzungen ins Französische und ins Japanische befinden sich in
Vorbereitung. Der Aufsatz *Was ist Politische Theologie?* wurde auf deutsch
(1992, 1995, 2006), italienisch (2000), chinesisch (2002), englisch (2002,
2006), polnisch (2003), französisch (2008) und spanisch (2008) veröffentlicht. [2013 aktualisierte Fußnote.]

sollte er im Hinblick auf das intellektuelle Klima nicht unterschätzt werden, in dem eine Politische Theorie an Anziehungskraft gewinnt und Gehör zu finden vermag, die den Anspruch erhebt, auf den Glauben an die göttliche Offenbarung gegründet zu sein. Die Rede ist von jenen diffusen Erwartungen, die im breiten Strom der »Postmoderne« um »das Ereignis« kreisen, das, so es eintritt, der »Wüstenwanderung« ein Ende setzen wird, jedoch, wenn es sich unverstellt in seiner Andersheit zeigen, eben als »das Ereignis« eintreten soll, nicht zum Gegenstand des vorstellenden, unterscheidenden, mithin auf Herrschaft zielenden Denkens gemacht werden darf. Jean-François Lyotard hat das göttliche Gebot, das an Abraham erging, Isaak zu opfern, und Abrahams glaubenden Gehorsam als Paradigma »des Ereignisses« – des unvorhersehbaren Rufes wie der Haltung, in der auf ihn zu antworten sei – in Erinnerung gebracht. Die Nähe einiger »postmoderner« Autoren nicht nur zu dem berühmten religiösen Schriftsteller aus Kopenhagen, sondern auch zu dem politischen Theologen aus Plettenberg ist größer, als es auf den ersten Blick scheinen mag. Sie sind den entscheidenden Bestimmungen seiner Sache – Autorität, Offenbarung und Gehorsam – auf eine intrikate Weise zugewandt, dans un état de latence ou dans un état de langueur.

II

Der vielleicht interessanteste Beitrag zum Gegenstand unseres Dialogs in jüngster Zeit ist Jacques Derridas *Politiques de l'amitié*. Das umfangreiche Werk erschien 1994 und geht auf ein 1988/89 an der École des hautes études en sciences sociales gehaltenes Seminar zurück. Obwohl es, wie der Verfasser zu Beginn des Vorworts mitteilt, nur die erste Sitzung der gleichnamigen Lehrveranstaltung zur Entfaltung bringt und eher der langen Vorrede zu einem Buch gleicht, das er eines Tages schreiben möchte, spannt sich der Bogen der Interpretationen von Platon und Aristoteles über Montaigne und Nietzsche zu Heidegger und Heraklit und von Augustinus über Carl Schmitt bis zu Lévinas. Auf den Reichtum seiner Beobachtungen und Gesichtspunkte kann ich hier sowenig eingehen, wie ich Einzelheiten des Kommentars zu Schmitt erörtern will, den die vier mittleren der zehn Kapitel von *Politiques de l'amitié* enthalten. Ich beschränke mich auf die Frage, die sich mir bei einer Lektüre des Buches im Geist der Freundschaft stellt: auf die Frage nach dem Selbstverständnis Derridas. Sie läßt sich auch in die Frage fassen, welche Art von Politik der Freundschaft er mit seinem Unterfangen zuletzt im Auge hat, eine theologische oder eine philosophische Politik.

Wenn wir die Hauptlinien der Argumentation in *Politiques de l'amitié* mit denjenigen der Folgeschriften *Force de loi, Adieu à Emmanuel Lévinas* und *Cosmopolites de tous les pays, encore un effort!* verbinden[20] und die Aussagen heranziehen, die Derridas Selbstverständnis unmittelbar betreffen, scheint sich in groben Zügen das folgende Bild zu ergeben: Für Derridas Auseinandersetzung mit den Politiken der

---

20 *Politiques de l'amitié suivi de L'oreille de Heidegger* und *Force de loi* kamen im Oktober 1994, *Adieu à Emmanuel Lévinas* und *Cosmopolites de tous les pays, encore un effort!* im März 1997 bei Galilée, Paris, heraus.

Freundschaft ist ein moralisches Interesse konstitutiv. Alle bisherigen Politiken der Freundschaft waren Politiken der begrenzten Zahl. Sie beschränkten den Kreis der Freunde nach Maßgabe der Herkunft, der Verwandtschaft oder anderer Kriterien der Gleichartigkeit und der Ungleichartigkeit. Derrida vergegenwärtigt sich die Beschränkungen, die den Politiken der Freundschaft inhärent sind, im Hinblick auf deren zukünftige Überschreitung. Er handelt im Bewußtsein seiner Verantwortung vor der Demokratie, die immer eine kommende, eine Demokratie im Kommen ist und die die Überschreitung der alten Beschränkungen der Politik, mithin der Demokratie selbst, verlangt. Die Befreiung der Demokratie aus den Fesseln der (alten) Politik – der Homogenität und der Partikularität – erfordert die Dekonstruktion der Verbindung von Nomos und Physis oder, in modernen Begriffen ausgedrückt, dessen, was Derrida das »mystische Band« zwischen Staatsbürgerschaft und Nation nennt. Die »déconstruction généalogique du politique (et en lui du démocratique)« reicht indes nicht hin, um der unverstellten Universalität der »démocratie à venir« ansichtig zu werden.[21] Die Dekonstruktion muß bis zur »dénaturalisation« der Gestalt des Bruders vorangetrieben werden, denn die Losung der Brüderlichkeit, unter der die umfassendsten Forderungen einer Demokratie der Zukunft erhoben wurden, ist keineswegs frei von ausschließenden Bestimmungen.[22] Und auch damit ist der Prozeß der Dekonstruktion noch nicht an sein Ende gekommen. Wie könnte er irgendwo haltmachen, wenn er der »hétérogénéité infinie« gerecht werden soll, die am Horizont der zukünftigen Demo-

21 *Politiques de l'amitié*, p. 121/122, 128. Wir brauchen kaum hinzuzufügen, daß Derrida den Einwand kennt, den manch ein Leser gegen seinen Demokratie-Begriff erheben wird. Er stellt selbst die Frage: »Y aura-t-il encore du sens à parler de démocratie là où il ne serait plus question (plus question pour l'essentiel et de façon constitutive) de pays, de nation, d'État même et de citoyen, autrement dit, *si du moins l'on tient encore à l'acception reçue de ce mot*, où il ne serait plus question de politique?« (p. 127); cf. p. 246, 339.
22 *Politiques de l'amitié*, p. 183; cf. p. 207 und beachte p. 303.

kratie aufscheint? Die Dekonstruktion von Politik, Brüderlichkeit und Demokratie steht im Dienste einer Politik, die »über
diese Politik hinaus« führen soll. Sie zielt auf eine schranken-
lose Brüderlichkeit, »une fraternité qui n'exclurait plus qui-
conque«. Und sie befindet sich im vollkommenen Einklang
mit dem entscheidenden Moment der Demokratie, nämlich
mit »der Möglichkeit und der Pflicht der Demokratie, sich
selbst zu entgrenzen«: »La démocratie est l'*autos* de l'auto-
délimitation déconstructive.«[23] Die Dekonstruktion entspricht
der Demokratie nicht nur pragmatisch[24] und nicht so wie ein
Mittel einem Zweck entspricht. Sie ist ihr wesensgleich. Wenn
die »démocratie à venir« einerseits als »déconstruction à
l'œuvre« gegenwärtig ist, so läßt uns Derrida umgekehrt nicht
im unklaren darüber, daß die Demokratie, von der er spricht,
eine ebenso unendliche Aufgabe benennt wie die Dekonstruktion, die sich an deren »unendlicher Heterogenität« abzu-
arbeiten hat: »Car la démocratie reste à venir, c'est là son
essence en tant qu'elle reste: non seulement elle restera indéfiniment perfectible, donc toujours insuffisante et future mais,
appartenant au temps de la promesse, elle restera toujours,
en chacun de ses temps futurs, à venir: même quand il y a la
démocratie, celle-ci n'existe jamais, elle n'est jamais présente,
elle reste le thème d'un concept non présentable.«[25]
    Zwei Fragen drängen sich angesichts dieser Bestimmung
des »Wesens« der Demokratie auf: Weshalb gelangt die Trennung von Physis und Nomos nicht an ihr Ziel, oder worin liegt
die Widerstrebigkeit begründet, die die Dekonstruktion zu
einer unendlichen Aufgabe und die Demokratie zu einem nie
einholbaren Versprechen macht? Und wenn die Demokratie
solchen Wesens ist, weshalb müssen wir uns in ihren Dienst

23 *Politiques de l'amitié*, p. 129, 183, 259, 264, 295.
24 »... on garde son droit indéfini à la question, à la critique, à la déconstruction (droits garantis, en principe, par toute démocratie: pas de déconstruction sans démocratie, pas de démocratie sans déconstruction).« *Politiques de l'amitié*, p. 128.
25 *Politiques de l'amitié*, p. 178, 339.

stellen, oder worin hat die Verantwortung Derridas ihren Ursprung? Die Verantwortung vor der Demokratie oder »gegenüber der Zukunft« ist selbstverständlich nicht das letzte Wort Derridas. Sie ist nicht einmal sein vorletztes Wort. Sein vorletztes Wort scheint vielmehr die Verantwortung zu sein, »die vom Anderen her kommt«.[26] Die Verantwortung vor der Demokratie und für die Zukunft erwächst aus der Verantwortung gegenüber dem Anderen, und diese Inanspruchnahme durch den Anderen oder durch das Andere, diese Ausrichtung am Anderen bestimmt Derrida als Gerechtigkeit. Befindet sich die Dekonstruktion bereits im vollkommenen Einklang mit der Demokratie, die im Kommen ist, so erfahren wir, daß sie mit der Gerechtigkeit nicht weniger als gleichzusetzen sei: *La déconstruction est la justice.* Im Kontrast zum kalkulierbaren, stabilisierenden und regelhaften Recht charakterisiert Derrida die Gerechtigkeit als »infinie, incalculable, rebelle à la règle, étrangère à la symétrie, hétérogène et hétérotrope«, wobei er nicht versäumt, auf die Nähe zum Gerechtigkeitsbegriff von Lévinas hinzuweisen, »en raison de cette infinité, justement, et du rapport hétéronomique à autrui, au visage d'autrui qui me commande, dont je ne peux pas thématiser l'infinité et dont je suis l'otage«.[27] Die Dekonstruktion, die sich von der Vorstellung einer »unendlichen«, »dem Anderen geschuldeten« Gerechtigkeit leiten läßt, um diese gegen die Starrheit, die Regelhaftigkeit, die dem Besonderen unangemessene Allgemeinheit des Rechts auszuspielen und die jedem Akt der Gründung – eines Gemeinwesens, eines Regimes, eines Rechtssystems – innewohnende Gewalt ans Licht zu heben, diese bewußt vorangetriebene Dekonstruktion setzt fort, was in der Geschichte des Rechts und der Politik selbst immer schon am Werk ist. Die Singularität des geschichtlichen Augenblicks ermöglicht es Derrida, das Bewegungsprinzip der Geschichte, die Dekonstruktion, zu erkennen und von

---

26 *Politiques de l'amitié*, p. 258/259; cf. p. 263, 280.
27 *Force de loi*, p. 35, 38, 45/46, 48; cf. p. 128; *Adieu à Emmanuel Lévinas*, p. 22.

ihm her den Messianismus jüdischer, christlicher oder islami-
scher Provenienz, die Kantische regulative Idee, die eschatologischen Geschichtsdeutungen neohegelianischen, marxistischen oder postmarxistischen Typs usw. aus deren Ursprung
– dem uneingelösten Versprechen der Gerechtigkeit und dem
unstillbaren Verlangen nach ihr – zu begreifen und einzuord-
nen. Sie erlaubt ihm, vor allem, sehenden Auges das heute
geschichtlich Gebotene in Angriff zu nehmen.[28] Vor dem Hintergrund dieser Denkfiguren kann es nicht überraschen, daß
die einander widerstreitenden Positionen von Athen und Jerusalem in der offenbar wichtigsten Rücksicht als kumulative
Beiträge zu einer Geschichte des Fortschritts erscheinen, eines
Fortschritts im Bewußtsein der »unendlichen«, »dem Anderen
geschuldeten« Gerechtigkeit, in der vorgezeichneten Richtung
einer zunehmenden Denaturalisierung, Infinitisierung und
Universalisierung der Freundschaft.[29] Und es ist durchaus
stimmig, wenn Derrida, um der Priorität der Gerechtigkeit gegenüber der Wahrheit Ausdruck zu verleihen, nicht nur Lévinas' Wort *la vérité suppose la justice* aufnimmt, sondern in
einem Atemzug an Augustinus' *veritatem facere* erinnert.[30]

28 *Force de loi*, p. 55/56; cf. p. 45/46, 91/92. »Rien ne me semble moins pé-
rimé que le classique idéal émancipatoire. On ne peut tenter de le disquali-
fier aujourd'hui, que ce soit de façon grossière ou sophistiquée, sans au
moins quelque légèreté et sans nouer les pires complicités. Il est vrai qu'il
est aussi nécessaire, sans y renoncer, au contraire, de réélaborer le concept
d'émancipation, d'affranchissement ou de libération en tenant compte des
étranges structures que nous décrivons ce moment« (p. 62/63). Siehe
außerdem *Adieu à Emmanuel Lévinas*, p. 175/176; *Cosmopolites de tous
les pays, encore un effort!*, p. 15, 42 ff., 57/58.
29 Cf. *Politiques de l'amitié*, p. 260, 264n., 316. In *Adieu à Emmanuel Lévinas* führt Derrida das folgende Zitat von Lévinas an: »›... la structure de
l'un-pour-l'autre inscrite dans la fraternité humaine – dans l'*un-gardien-
de-son-frère* – dans l'*un-responsable-de-l'autre*‹, voilà ce qui serait resté
›inintelligible à Platon et devait le conduire à commettre un parricide sur
son père Parménide‹. ›L'unité du genre humain est précisément *postérieure*
à la fraternité‹« (p. 124n.).
30 »En parodiant dangereusement l'idiome français, on finirait par dire:
›La justice, il n'y a que ça de vrai.‹ Cela n'est pas sans conséquence, inutile
de le souligner, quant au statut, si on peut encore dire, de la vérité, de cette
vérité dont saint Augustin rappelle qu'il faut la ›faire‹.« *Force de loi*, p. 60.

Damit sind wir zu der Frage zurückgekehrt, worin das Gebot des geschichtlichen Handelns seinen Grund hat. Das Bewegungsprinzip der Geschichte vermag, an ihm selbst betrachtet, keine Pflicht zu begründen. Man darf bezweifeln, daß es dem Handeln auch nur eine Orientierung geben kann. Wie, wenn die Gerechtigkeit, die als Dekonstruktion beständig am Werk ist, jener Gerechtigkeit zum Verwechseln ähnlich wäre, nach der alles, was entsteht oder geschaffen wird, verdient, wieder zugrunde zu gehen? Und was folgt aus der Verantwortung gegenüber dem Anderen, wenn sie für den Anderen als Anderen gelten soll, jeder Andere aber etwas anderes verlangt, da jeder Andere ganz anders ist, parce que »tout autre est tout autre«? »Il faut accueillir l'autre dans son altérité, sans attendre, et donc ne pas s'arrêter à reconnaître ses prédicats réels.« Dieses Postulat Lévinas', das Derrida im Blick auf »das unbedingte Gesetz der Gastfreundschaft« referiert, ist an die vorgängige Proklamation der Heiligkeit des Anderen, »de la sainteté de l'autre, de la sainteté de la personne«, gebunden oder gleichbedeutend mit ihr. Aber hat die »Heiligkeit des Anderen« nicht den Glauben an die Heiligkeit des »Ganz Anderen«, »du Tout Autre«, zur Voraussetzung?[31] So wie »La Loi de l'hospitalité«, »cette Loi inconditionnelle, singulière et universelle à la fois«, ihren Halt schließlich in Lévinas' »Dieu qui aime l'étranger« findet oder, genauer gesprochen, ihre »unbedingte« Verbindlichkeit einer göttlichen Gesetzgebung, einer »révélation comme visitation« schuldet?[32] Und verlangt der heilige, der ganz andere Gott der moralischen Forderung nicht notwendig den allmächtigen Gott? Die Allmacht Gottes aber seine Unergründlichkeit?[33]

---

31 *Adieu à Emmanuel Lévinas*, p. 15, 22, 192/193; *Politiques de l'amitié*, p. 247, 252, 258/259, 280.
32 *Adieu à Emmanuel Lévinas*, 115, 182; cf. p. 25, 56, 88, 91. *Cosmopolites de tous les pays, encore un effort!*, p. 45/46.
33 Cf. *Adieu à Emmanuel Lévinas*, p. 181, 193; *Force de loi*, p. 145. Siehe dazu *Die Lehre Carl Schmitts*, p. 145.

Die Frage der Offenbarung folgt Derridas Erwägungen zur Politik der Freundschaft wie ein Schatten. Sie bleibt aber nicht immer im Hintergrund. Ausdrücklich kommt die Offenbarung in *Politiques de l'amitié* in Gestalt der Frage zur Sprache, ob der *révélation*, dem singulären – historischen oder zukünftigen – Ereignis, das die Bedingungen der Möglichkeit der Offenbarung selbst offenbart,[34] oder ob der *révélabilité*, der Untersuchung der Bedingungen, unter denen Offenbarung überhaupt möglich wäre, der Vorrang gebühre. Derrida knüpft daran, »falls es eine solche Alternative geben sollte«, die weitere Frage, welchen Unterschied die Aussage des Aristoteles bewirke, derzufolge es zwischen Gott und dem Menschen keine Freundschaft geben kann, und er setzt hinzu, daß es diese Frage sei, die implizit jede Reflexion über die Möglichkeit einer Politik der Freundschaft bestimme.[35] Nirgendwo sind wir der Unterscheidung einer theologischen und einer philosophischen Politik der Freundschaft näher als hier. Kommt es für Derrida, in der Konsequenz seiner Vorstellung von Gerechtigkeit, auf nichts mehr an als darauf, daß wir uns offenhalten für die Möglichkeit einer Politik der Freundschaft, die alle Beschränkungen hinter sich läßt und die Trennung von Physis und Nomos vollendet? Wohl wissend, daß einer

---

34 »En fait‹, ›en vérité‹, ce serait seulement l'événement de la révélation qui ouvrirait, comme par effraction, le rendant possible après coup, le champ du possible dans lequel il a paru surgir et d'ailleurs a surgi en effet. L'événement de la révélation ne révélerait pas seulement ceci ou cela, Dieu par exemple, il révélerait la révélabilité. Nous interdisant de même coup de dire ›Dieu par exemple.‹« *Politiques de l'amitié*, p. 36.
35 *Politiques de l'amitié*, p. 35/36. Zur Frage der Freundschaft zwischen Gott und dem Menschen cf. *Die Lehre Carl Schmitts*, p. 37–39, 85/86, 87 n. 73, 121, 126, 141–146, 256/257. Leo Strauss schreibt in einem Brief vom 7. August 1939 an Jacob Klein über Xenophons *Memorabilien*: »Das grosse Problem ist, in welchem Sinne der Satz, dass Sokrates sich nur um die ethika gekümmert habe, – in welchem Sinne dieser durchaus falsche Satz nun doch auch wieder richtig ist. Die allgemeinste Antwort ist klar: anthropos – logos – on. Von besonderer Bedeutung ist das Problem der philia, insofern das Verständnis dessen, was philia ist, die Theologie des Mythos zerstört: das Höhere kann nicht ›Freund‹ des Niederen sein; ergo: Leugnung der Providenz. Dieses ist, glaube ich, der zentrale Gedanke der Memor[abilien].«

Politik der in der Zukunft liegenden Offenbarung Politiken gegenüberstehen, die ihren Anspruch aus Offenbarungen der Vergangenheit herleiten und daß es politisch nicht unerheblich ist, ob eine Politik sich auf die »Möglichkeit des Unmöglichen« beruft oder ob sie auf das Gebot eines autoritativen Gründungsaktes baut?[36] Oder könnte etwas anderes am Ende wichtiger sein? Ungefähr in der Mitte des Buches erklärt Derrida, das, worauf es ihm am meisten ankomme, sei »die Frage der Philosophie«: »L'amitié comme philosophie, la philosophie en tant qu'amitié, l'amitié-philosophique, l'amitié-philosophie aura toujours été en Occident un concept en lui-même indissociable: point d'amitié sans quelque *philosophía*, point de philosophie sans *philía*. Amitié-philosophie: nous nous enquérons du politique, depuis le début, *auprès* de ce trait d'union.«[37] Wäre es möglich, daß die Verbindung von

36 »... pour les systèmes théologico-politiques, l'idée démocratique n'ayant aucune vertu inconditionnelle, nulle parole ne peut se soustraire à l'espace de l'autorité théologico-politique... théologisation absolue *comme* politisation absolue...« *Politiques de l'amitié*, p. 335/336.
37 *Politiques de l'amitié*, p. 168. – Was Derrida auf derselben Seite, aber auch an anderen Stellen des Buches (cf. p. 146, 157, 170, 181) über Schmitts Einschätzung der Philosophie im Hinblick auf die »absolute Feindschaft« (»l'hostilité absolue serait alors la chose de la philosophie, sa cause même«, »l'hostilité absolue comme chose de la philosophie«) bzw. die »reine Feindschaft« (»la philosophie représente l'instance proprement productrice du politique pur et donc de l'hostilité pure«) sagt, scheint mir auf wenigstens drei Irrtümer zurückzugehen: Zum einen verkennt Derrida, daß Schmitt mit der Entwicklung der Intensitätskonzeption des Politischen seit 1930 die »reine Politik«, das »rein Politische« und die »reine Feindschaft« verabschiedete. Zum anderen liegt Derridas Aussagen eine Verwirrung der »totalen« oder »wirklichen Feindschaft« mit der »absoluten Feindschaft« zugrunde (die letztere postuliert im Unterschied zur ersteren eine Feindschaft, die – nach Überwindung des absoluten Feindes – das Ende aller Feindschaft verheißt). Und schließlich kann Schmitts Kronzeuge der »absoluten Feindschaft« Lenin, auf den sich Derrida insbesondere bezieht, selbst aus Schmitts Sicht – er nennt ihn einen »Berufsrevolutionär des Weltbürgerkrieges« – schwerlich als der Repräsentant der Philosophie gelten. Als aufschlußreicher könnte sich demgegenüber die Frage erweisen, weshalb Schmitt Zweifel hegt, ob es für Hegel, den er gelegentlich als »den Philosophen« apostrophiert, einen Feind überhaupt geben kann. Cf. S. 27–36 und *Die Lehre Carl Schmitts*, p. 88–96; zu Hegel: p. 32/33, 90, 94 und 105 n. 107.

Philosophie und Freundschaft nicht deshalb im Zentrum von Derridas Aufmerksamkeit steht, weil sein vorzügliches Interesse der *Freundschaft*, nämlich ihrer Emanzipation von der Philosophie, sondern weil es im Gegenteil der *Philosophie* gilt? Vielleicht ist die Dekonstruktion zuallererst die Magd der Philosophie. Vielleicht haben wir es bei dem Versuch, die Trennung von Physis und Nomos rigoros voranzutreiben, mit einem großangelegten, um nicht zu sagen rücksichtslosen, philosophischen Experiment zu tun. Vielleicht zielt die Denaturalisierung der Freundschaft darauf, die Grenzen hervortreten zu lassen, die einem solchen Unterfangen gesetzt sind, und mithin nichts Geringeres als die Natur der Freundschaft sichtbar zu machen.[38] Gewiß, wenn Derrida von der *question de la philosophie* spricht, meint er näherhin die Frage, die für ihn gleichbedeutend ist mit dem Beginn der Philosophie, *qu'est-ce que?*, *tí estin?*, *was ist?* – was ist Freundschaft? was ist Philosophie? Und er scheint mit Heidegger hinter jenen Bruch, den die Philosophie bezeichnet, »cette érotisation du questionnement autour de l'étant«, zurückgelangen zu wollen.[39] Doch geschieht es nicht durchaus im philosophischen Interesse, daß er über den »Beginn der Philosophie bei Sokrates und Platon« hinausfragt? Müssen wir nicht in der Tat bei den Vorsokratikern den Anfang machen, um zu erkennen oder uns zu vergewissern, daß die »Erfahrung des *phileîn* und der *philía*«, von der die Philosophie ausgeht, so gut wie die Erfahrung der Feindschaft, die mit ihr verbunden ist, ihren Ort in der Polis hat und daß die Vorstellung eines »ursprünglichen Einklangs«, den die Philosophie mit ihrem Fragen wiederherzustellen suche, auf dem Irrtum beruht, die Entdeckung der Natur könne sich jemals in »politischer Unschuld« vollziehen?[40] Vielleicht wird im Horizont eines solchen Rückgangs deutlich, daß die entscheidende »blessure«

---

38 Cf. *Politiques de l'amitié*, p. 54, 62/63, 89, 178, 205, 252, 289, 326.
39 *Politiques de l'amitié*, p. 268/269, 279, 281, 384, 386, 398.
40 Cf. Seth Benardete: *The Bow and the Lyre. A Platonic Reading of the Odyssey*. Lanham-London 1997, p. 80–90.

mit dem Denken der Physis und der gleichursprünglichen Kritik der Nomoi gesetzt ist, daß sie der Philosophie als einer Lebensweise, die Freundschaft und Feindschaft kennt,[41] zugrunde liegt und daß das, was mit Sokrates, Platon und Xenophon beginnt, nicht die Philosophie tout court, sondern, in einem genauer zu bestimmenden Sinn, die Politische Philosophie ist.

Verlassen wir die dunklen Untiefen dieses vielfachen Vielleicht, über das uns Jacques Derrida als Freund der Philosophen des gefährlichen Vielleicht in der Zukunft Aufschluß geben mag, und wenden wir uns zu guter Letzt einem Gedanken zu, der »an der Oberfläche« bleibt: Wenn Derrida in *Politiques de l'amitié* von der philosophischen Freundschaft spricht, tritt die *hedoné* hinter der Gerechtigkeit und der Verantwortung oder hinter der »Logik des cogito« zurück.[42] Das Buch selbst aber bezeugt in seinen besten Teilen das, was die Philosophen seit mehr als zwei Jahrtausenden als Lust des Denkens und als jene Freude beschrieben haben, die aus der Begegnung verwandter Naturen erwächst. Wenn man die Dialoge liest, die Derrida etwa mit Aristoteles oder mit Nietzsche führt, kann man ihn sich vorstellen, wie er in Athen der Rede zuhört und beipflichtet, die der Sokrates der *Memorabilien* dem Umgang mit guten Freunden widmet und an deren Ende Xenophon Sokrates glücklich nennt.[43] Vor dem Hinter-

41 Angesichts der Aussage Derridas »Heidegger ne nomme jamais l'ennemi, semble-t-il, ni la haine« (*Politiques de l'amitié*, p. 417) sei in unserem Zusammenhang in Erinnerung gebracht, daß Heidegger immerhin den »Todfeind der wesenhaft zur Philosophie gehörigen Existenzform« benennt. Martin Heidegger: *Phänomenologie und Theologie.* Frankfurt/Main 1970, p. 32 (*GA* IX, p. 66); cf. *Die Lehre Carl Schmitts*, p. 135–137.

42 »La pensée, pour autant qu'elle doit être pensée de l'autre – et c'est ce qu'elle devrait être *pour l'homme* – ne va pas sans la *philía*. Traduite dans la logique d'un *cogito* humain et fini, cela donne la formule: je pense, donc je pense l'autre: je pense, donc j'ai besoin de l'autre (pour penser): je pense, donc la possibilité de l'amitié se loge dans le mouvement de ma pensée en tant qu'il requiert, appelle, désire l'autre, la nécessité de l'autre, la cause de l'autre au cœur du *cogito*.« *Politiques de l'amitié*, p. 252.

43 Xenophon: *Memorabilia*, I, 6.14; cf. Leo Strauss: *Xenophon's Socrates*. Ithaca, N.Y. 1972, p. 30 und Platon: *Politeia*, 450d–e.

grund der Erfahrungen, die hier und zuvor angeklungen sind, hat die Politische Philosophie nach der Sokratischen Wende eine philosophische Politik der Freundschaft konzipiert, die ein charakteristisches Doppelgesicht aufweist: auf der einen Seite ist sie dem Gemeinwesen zugewandt, auf der anderen hat sie die Philosophen selbst im Blick. Ihren mimetischen Ausdruck findet die zwiefache Ausrichtung in der Doppelung der »beiden Städte« der Platonischen *Politeia*: derjenigen, die Sokrates gemeinsam mit Glaukon und Adeimantos in der Rede gründet, und jener anderen, in der die Gründung erfolgt. Seth Benardete hat sie die »dialogische Stadt« genannt.[44] Während die Polis, die die Mitglieder der dialogischen Stadt entwerfen, die Grenzen der Gerechtigkeit und des Gemeinwesens vor Augen führt, zeigt das Werden der dialogischen Polis die philosophische Aktivität in actu und die Entwicklung, die sie bei den am Dialog beteiligten Freunden bewirkt. Und während in jener Polis die Demonstration der politischen Unmöglichkeit des natürlich Möglichen im Postulat, die Philosophen müßten Könige werden, ihren Höhepunkt erreicht, erweist sich die dialogische Stadt als die wahrhaft philosophische Polis, in der Sokrates König ist und in der er einzig König sein will.

---

44 Seth Benardete: *Socrates' Second Sailing. On Plato's »Republic«*. Chicago 1989, p. 47. Auf dieses Buch, das wichtigste, das in den letzten Jahrzehnten zur *Politeia* erschien, sei auch für das, was folgt, nachdrücklich hingewiesen.

III

Leo Strauss hat 1935 bemerkt, eine radikale Kritik des modernen »Kultur«-Begriffs, als dessen eine Crux er die »Tatsache der Religion« und als dessen andere er die »Tatsache des Politischen« bestimmte, sei nur in der Form eines theologisch-politischen Traktats möglich. Ein solcher Traktat müsse allerdings, »wenn er nicht wieder zur Grundlegung der ›Kultur‹ führen soll, die genau entgegengesetzte Tendenz wie die theologisch-politischen Traktate des siebzehnten Jahrhunderts, besonders diejenigen von Hobbes und Spinoza,« haben. Die Fußnote in *Philosophie und Gesetz,*[45] die an die Auseinandersetzung mit der »Kulturphilosophie« in den *Anmerkungen zu Carl Schmitt* anknüpft,[46] wirft gleichsam im Vorübergehen die Frage nach dem angemessenen philosophischen Umgang mit dem theologisch-politischen Problem auf. Sie hat, wie wir uns überzeugen konnten, seitdem nichts von ihrer Aktualität eingebüßt. Welcher Art müßte der von Strauss ins Auge gefaßte theologisch-politische Traktat sein, wenn er unserer geschichtlichen Lage gerecht werden soll?

Die Stoßrichtung der theologisch-politischen Traktate des siebzehnten Jahrhunderts zielte auf die Wiedergewinnung und die dauerhafte Befestigung der *libertas philosophandi* vermittels einer wirksamen Trennung der Politik von der Theologie. Frieden und Sicherheit, so lautete das konzeptionelle Angebot der modernen Philosophie im säkularen Bündnis mit dem politischen Souverän, ließen sich auf dem Wege fortschreitender Naturbeherrschung und der durch sie ermöglichten Umgestaltung der menschlichen Lebensverhältnisse im ganzen erreichen. Das für die planmäßige Erobe-

---

45 Leo Strauss: *Philosophie und Gesetz* in *Gesammelte Schriften*, Band 2. Stuttgart—Weimar 1997, p. 30/31 n. 2.
46 Siehe dazu im einzelnen S. 37–42 des *Dialogs unter Abwesenden*.

rung der Natur und die rationale Neuordnung der Gesellschaft erforderliche zuverlässige und handhabbare Wissen würde die Philosophie zur Verfügung stellen, während der Souverän – der Fürst oder das Volk – für den politischen Schutz aufzukommen hätte. Innerhalb dieses übergreifenden Projekts übernimmt die Auseinandersetzung der theologisch-politischen Traktate mit dem »Reich der Finsternis« und dem »Aberglauben« die Spitze. Was mit der Emanzipation der Politik von der Theologie beginnt, mündet nach der erfolgreichen Freisetzung einer Welt zunehmender Zweckrationalität und wachsender Prosperität schließlich in einen Zustand der Verständnislosigkeit und der Gleichgültigkeit gegenüber dem ursprünglichen Sinn der theologisch-politischen Kritik, einen Zustand, in dem die Forderungen der Politik mit der nämlichen Fraglosigkeit zurückgewiesen werden wie die der Religion. Seinen weithin sichtbaren Niederschlag findet er zum einen in der Existenz des Bourgeois, der sich gegen alle Ansprüche, die aufs Ganze gehen, verschließt, und zum anderen in der »Kulturphilosophie«, für die sich das theologisch-politische Problem mit der Parzellierung des Lebens in eine Vielzahl »autonomer Kulturprovinzen« verflüchtigt hat. Sie weiß deshalb auch nichts mehr davon, daß die Philosophie eine Lebensweise ist.

Ein Traktat mit der »genau entgegengesetzten Tendenz« der Traktate, welche die historische Entwicklung zur »Kulturphilosophie« grundlegten – ohne daß sie sich in dieser Grundlegung erschöpften[47] –, hätte demnach die Ansprüche, die die »ursprünglichen Tatsachen« der Politik und der Religion beinhalten, in aller Deutlichkeit ins Bewußtsein zu rufen und den Zusammenhang neu verständlich zu machen, der zwischen beiden besteht. Diese Aufgabe erfüllt auf seine Weise auch ein politisch-theologischer Traktat wie *Der Leviathan in der Staatslehre des Thomas Hobbes*, der die »Einheit von Politik und Religion« zum zentralen Thema seiner Kritik der

47 Cf. *Die Denkbewegung von Leo Strauss*, p. 26, 34, 42/43.

theologisch-politischen Traktate von Hobbes und Spinoza macht, um die Suprematie des christlichen Offenbarungsglaubens e contrario zu bekräftigen.[48] Strauss spricht indes nicht von irgendeinem Traktat, und am allerwenigsten spricht er von einem, der der *libertas philosophandi* entgegentritt.[49] Er spricht von einem *theologisch-politischen* Traktat, d. h. von einer philosophischen Schrift, die sich der theologischen und der politischen Alternative stellt und in der Auseinandersetzung mit den Forderungen der Politik und der Religion zur Philosophie hinführt. Der theologisch-politische Traktat hat, mit anderen Worten, einen sowohl elenktischen als auch protreptischen Charakter. Wo aber kann die Prüfung ansetzen, wenn die anspruchsvolle Alternative nicht länger präsent ist oder wenn ihre Konturen im Vielerlei der bloßen Privatsachen, in dem alles mit allem kompatibel erscheint, bis zur Unkenntlichkeit verschwimmen? Muß der philosophischen Überschreitung unter solchen Bedingungen nicht mehr denn je eine Gegen-Gründung vorausgehen, deren Urheber der Philosoph selbst ist? So wie Rousseau, Hegel oder Nietzsche etwa auf die Existenz des Bourgeois mit politischen Gegenentwürfen antworteten und die Begabtesten unter ihren Lesern, indem sie deren Ungenügen an den bestehenden Verhältnissen eine neue Richtung gaben, für die Philosophie gewannen? Mußten nicht Glaukon und Adeimantos in einer für die Philosophie ungleich günstigeren Lage der Verzauberung durch den politischen Idealismus ausgesetzt werden, um über ihn hinausgelangen zu können?[50]

Strauss hat weder eine Gründung nach dem Vorbild Alfarabis oder Maimonides' versucht, noch konnte er sich zu einem politischen Gegenentwurf verstehen. Für das erstere fehlten alle historischen Voraussetzungen, gegen das letztere sprachen insbesondere die politischen Erfahrungen, die die

48 Siehe *Die Lehre Carl Schmitts*, p. 169–179.
49 Cf. Carl Schmitt: *Der Leviathan in der Staatslehre des Thomas Hobbes. Sinn und Fehlschlag eines politischen Symbols*. Hamburg 1938, p. 86–89.
50 Cf. Leo Strauss: *The City and Man*. Chicago 1964, p. 65, 127, 138.

früheren Gegenentwürfe zeitigten. Denn Rousseau, Hegel und Nietzsche hatten dem Prozeß, der zur »Kulturphilosophie« beziehungsweise zur »Postmoderne« führte, nicht Einhalt geboten, sondern, was das geschichtliche Ergebnis anbelangt, im Gegenteil zu seiner Verschärfung beigetragen.[51] Von politischen Überlegungen im engeren Sinne ganz zu schweigen. Die entscheidende Schwäche eines jeden politischen Gegenentwurfs von Rang unter Bedingungen der Moderne war im übrigen von Rousseau im zweitletzten Kapitel des *Contrat social* in einer Art und Weise offengelegt worden, daß sie sich nicht mehr vergißt. Wenn eine Gründung geschichtlich ausgeschlossen erschien, so konnte doch eine geschichtliche Gründung »wiederholt«, nämlich in ihren fundamentalen Prinzipien gedacht werden. Ebendas war es, was Strauss in *Philosophie und Gesetz* unternahm. Die Aussage Avicennas, daß die Behandlung der Prophetie und des göttlichen Gesetzes in Platons *Nomoi* enthalten sei, eröffnete Strauss einen neuen Zugang nicht nur zu den mittelalterlichen Philosophen Alfarabi, Avicenna, Averroes und Maimonides, sondern auch zu Platon. Die Sentenz, auf die Strauss 1929 oder 1930 bei der Lektüre von Avicennas Schrift *Über die Teile der Wissenschaft* gestoßen war und die er mehr als vier Jahrzehnte später seinem letzten Buch, dem Kommentar zu den *Nomoi*, dem »frömmsten« und dem »ironischsten von Platons Werken«, als Motto voranstellen sollte,[52] besagte nichts Geringeres, als daß Platon lange vor dem Einbruch der Offenbarungsreligionen in die Welt der Philosophie über die Mittel verfügte, deren die

51 Siehe dazu Leo Strauss: *What Is Political Philosophy?* Glencoe, Ill. 1959, p. 40–55; *The Three Waves of Modernity* in: *Political Philosophy. Six Essays.* Ed. Hilail Gildin. Indianapolis 1975, p. 81–98 (wiederabgedruckt in: *An Introduction to Political Philosophy. Ten Essays.* Ed. Hilail Gildin. Detroit 1989, p. 81–98).
52 Leo Strauss: *The Argument and the Action of Plato's »Laws«.* Chicago 1975, p. 1 und 3; *On Abravanel's Philosophical Tendency and Political Teaching* (1937) in: *Gesammelte Schriften*, Band 2, p. 198; cf. *The Spirit of Sparta or the Taste of Xenophon*, Social Research, 6, no. 4, November 1939, p. 530–532.

Philosophen des Mittelalters bedurften und deren sich die platonischen politischen Philosophen bedienten, um die geschichtliche Herausforderung zu meistern, mit der sie konfrontiert waren: d. h. um sie philosophisch zu verstehen und um sie politisch zu ihrem Besten und zum Besten ihrer Gemeinwesen zu wenden. Die arabischen Philosophen und Maimonides standen in der Nachfolge Platons, wenn sie das göttliche Gesetz, die Vorsehung und den Propheten als Gegenstände der Politik begriffen. Sie bewegten sich im Horizont der *Politeia*, wenn sie die Gründung der »vollkommenen Stadt« als die raison d'être der Offenbarung betrachteten. Das Unterfangen, den Offenbarungsglauben grundzulegen, unterscheidet den Rationalismus der platonischen politischen Philosophen vom modernen Rationalismus, der nicht weniger an einer natürlichen Erklärung interessiert, der nicht weniger um ein philosophisches Verständnis des Offenbarungsglaubens bemüht war, die Auseinandersetzung aber nicht aus der Sicht des Gründers führte.[53] Außerdem beginnt der vormoderne Rationalismus im Unterschied zu den theologisch-politischen Traktaten des siebzehnten Jahrhunderts die Auseinandersetzung beim Nomos oder beim Gesetz im ursprünglichen Verstande, bei der umfassenden Ordnung des Gemeinwesens, die Religion und Politik in sich vereint und als religiöses, politisches, moralisches Gesetz den Einzelnen ganz, existentiell in Anspruch nimmt. Er läßt sich auf diesen Anspruch radikal ein, um das Gesetz radikal zu verstehen. Wenn die philosophische Begründung des Gesetzes jedoch der Modus ist, um das Gesetz als die politisch-theologische Ordnung des Gemeinwesens von Grund auf zu verstehen, so ist sie zugleich der Locus, an dem sich die Frage nach den Voraussetzungen und nach dem Recht des philosophischen Lebens in aller Schärfe stellt: Die philosophische Begründung des Gesetzes wird für die platonischen politischen Philosophen des Mittel-

---

53 Cf. Leo Strauss: *Thoughts on Machiavelli.* Glencoe, Ill. 1958, p. 288–290, 291/292; ferner *Die Denkbewegung von Leo Strauss*, p. 26.

alters zur Grundlegung der Philosophie.[54] Im Gewand einer historischen Vergegenwärtigung rückt *Philosophie und Gesetz* das theologisch-politische Problem ins Zentrum der Reflexion, um in eins damit wieder in Erinnerung zu bringen, daß die Philosophie ihrem natürlichen Sinne nach eine Lebensweise ist.

Philosophie und Gesetz ist der erste, aber nicht der einzige theologisch-politische Traktat, in dem Strauss die entgegengesetzte Tendenz verfolgt wie die Traktate der neuzeitlichen Aufklärung, und die »Wiederholung« der Gründung aus dem Geist der mittelalterlichen Aufklärung ist nur eine Form, die er für sein Vorhaben wählt. Insofern alle Schriften von Strauss im präzisen Verstande Beiträge zur Politischen Philosophie sind und die Auseinandersetzung mit dem theologisch-politischen Problem das Herzstück der Politischen Philosophie ausmacht, wird diese Auseinandersetzung in jeder von ihnen geführt. Zumeist in der äußeren Gestalt des Kommentars, im Dialog mit politischen Philosophen der Vergangenheit oder mit Philosophen der Gegenwart, in einigen wenigen Fällen auch im direkten Aufeinandertreffen. Gemeinsam ist ihnen, daß Strauss, ob im Kommentar oder in der unmittelbaren Konfrontation, die theologische und die politische Herausforderung so stark macht, wie er sie machen kann. Und ebenso durchgängig betonen seine theologisch-politischen Traktate den unaufhebbaren Gegensatz, der zwischen dem philosophischen Leben und dessen mächtigster Alternative, dem Offenbarungsglauben, besteht.[55] Beides, das

---

54 Ich habe diesen Gedankengang im Vorwort zu Band 2 der *Gesammelten Schriften* von Leo Strauss entwickelt. Er ist dort mit näheren Nachweisen versehen.
55 Inter multa alia: »No alternative is more fundamental than this: human guidance or divine guidance. The first possibility is characteristic of philosophy or science in the original sense of the term, the second is presented in the Bible. The dilemma cannot be evaded by any harmonization or synthesis. For both philosophy and the Bible proclaim something as the one thing needful, as the only thing that ultimately counts, and the one thing needful proclaimed by the Bible is the opposite of that proclaimed by philosophy: a life of obedient love versus a life of free insight. In every attempt

Starkmachen der Alternativen wie die Betonung des tiefsten Gegensatzes, geschieht in der Absicht, dem Ausweichen vor der wichtigsten Frage entgegenzuwirken. Wir können auch sagen, es geschieht im Interesse der Philosophie oder aus Freundschaft für die zukünftigen Philosophen, denn solange die Philosophie der Frage *Warum Philosophie?* ausweicht, bleibt sie auf eine unausgewiesene Entscheidung oder auf einen Akt des Glaubens gegründet. Die Frage *Warum Philosophie?* läßt sich aber nicht anders denn in der Auseinandersetzung mit den anspruchsvollen Alternativen beantworten.[56] Die »wahrhaft Napoleonische Strategie«, in der die Aufklärung nach dem Sieg trachtete, indem sie an der scheinbar uneinnehmbaren Festung der Orthodoxie vorbeizog, um ihre Kraft im Erschaffen einer neuen Welt unter Beweis zu stellen, darauf vertrauend, daß die Position des Feindes sich historisch überholen und so von selbst »erledigen« würde,[57] diese Strategie des Umgehens und Ausklammerns hat nicht zufällig dazu geführt, daß in der Mitte der Philosophie phantastische politische Hoffnungen und tiefe religiöse Sehnsüchte Wurzeln schlagen konnten.[58]

Eine Sonderstellung im theologisch-politischen Œuvre von Strauss nimmt die 1966 unter dem Titel *Socrates and Aristophanes* erschienene Auslegung der Komödien des Aristophanes ein. Strauss bringt darin die theologisch-politische Kritik zu Gehör, die Aristophanes am vorsokratischen Sokrates übt.

at harmonization, in every synthesis however impressive, one of the two opposed elements is sacrificed, more or less subtly but in any event surely, to the other: philosophy, which means to be the queen, must be made the handmaid of revelation or vice versa.« *Natural Right and History.* Chicago 1953, p. 74/75; cf. p. 35/36, 42, 78, 81.

56 Cf. *Die Lehre Carl Schmitts*, p. 72–75; *Die Denkbewegung von Leo Strauss*, p. 9–13, 28, 31.

57 *Philosophie und Gesetz*, p. 20.

58 Cf. Leo Strauss: *Philosophy as Rigorous Science and Political Philosophy* (1971) in: *Studies in Platonic Political Philosophy.* Chicago 1983, p. 33/34; *Note on the Plan of Nietzsche's »Beyond Good and Evil«* (1973), ibid., p. 181; *Existentialism*, Interpretation, 22, no. 3, Spring 1995, p. 315, 317/318.

Er zeigt auf diese Weise in einer nirgendwo sonst erreichten Klarheit, inwiefern die Sokratische Wende zur Politischen Philosophie, welche die Schriften Platons und Xenophons zum Gegenstand haben, auf jene Kritik antwortet.[59] Das Buch kreist als Ganzes um den wichtigsten Fall der *Was ist?*-Frage – eine Frage, die der Komödiendichter nicht ausspricht, wohl aber aufwirft und mit seinen Mitteln verhandelt: *quid sit deus?*[60] Strauss trug sich mit dem Gedanken, *Socrates and Aristophanes* ein Motto aus Calvins *Institutio christianae religionis* voranzustellen, dessen Interdikt gegen die Frage *quid sit deus?* er mehr als drei Jahrzehnte zuvor im Erstlingswerk *Die Religionskritik Spinozas* referiert hatte, und zwar, wie er jetzt urteilte, »en pleine ignorance de la chose«.[61] Ich weiß nicht, was ihn bewog, am Ende auf das Motto zu verzichten. Ich weiß auch nicht, wie er das spezifische Nichtwissen, das seiner Jugendschrift zugrunde lag, selbst bestimmt hätte. Aber spricht nicht alles dafür, daß die lebenslange Auseinandersetzung mit dem theologisch-politischen Problem Strauss besser verstehen ließ, was die Philosophie ihren Feinden zu verdanken hat, oder was das »Gute im Bösen« ist?[62] Wird die Philosophie nicht einzig dadurch zu einer besonderen und bewußten Lebensweise, daß sie sich gegen einen autoritativen Einspruch behaupten muß? Und, für die Gegenwart gesprochen, ist an den Grenzen, an denen die Philosophie verneint wird, nicht Wichtigeres zu erfahren als innerhalb des neuen Juste Milieu, in dem, vorläufig, die Parole gilt: »Anything goes«? Calvins Kritik der Neugierde im Namen des Ge-

59 Leo Strauss: *Socrates and Aristophanes*. New York 1966, p. 4/5, 8, 16, 19, 22/23, 32, 46, 48, 49, 51, 64, 67, 77, 102, 173, 311, 313/314.
60 *Socrates and Aristophanes*, p. 18, 21, 23, 25, 33, 44, 53, 83, 143, 234, 245, 296, 313.
61 Brief an Seth Benardete vom 17. Mai 1961. *Die Religionskritik Spinozas* (1930) in: *Gesammelte Schriften*, Band 1. Stuttgart—Weimar 1996, p. 248–250. Cf. *Die Lehre Carl Schmitts*, p. 139 n. 54.
62 Cf. *Politeia*, 373e, 379e. Siehe auch die philosophische Alternative zu Schmitts Auslegung des Theodor Däubler Wortes »Der Feind ist unsre eigne Frage als Gestalt«, die ich in *Die Lehre Carl Schmitts*, p. 76/77 umrissen habe. Beachte p. 80 zum Schluß des *Dialogs unter Abwesenden*.

horsams des Glaubens und die Kritik an der Achtlosigkeit gegenüber den politischen und religiösen Bedingungen des Gemeinwesens, die Aristophanes seinem Freund Sokrates entgegenhält, kommen, soviel läßt sich gewiß sagen, darin überein, daß sie dem Philosophen Grund geben zur Selbstbefragung und folglich zur Selbsterkenntnis.

Nachwort zur dritten Auflage

Carl Schmitt, Leo Strauss und »Der Begriff des Politischen«
ist die Eröffnung einer Tetralogie zur Begründung der Politischen Philosophie, die ich in den letzten 25 Jahren vorgelegt
habe. Der Untertitel der Kritik der Politischen Theologie von
1994, *Die Lehre Carl Schmitts. Vier Kapitel zur Unterschei-*
dung Politischer Theologie und Politischer Philosophie, zeigt
den elenktischen Charakter des Begründungsgangs an. Die
Auseinandersetzung mit dem Offenbarungsglauben, der die
Philosophie nicht entraten kann, wenn sie ihr Recht und ihre
Notwendigkeit unter Beweis zu stellen sucht, wird ausgeweitet
und vertieft in dem Traktat *Das theologisch-politische Problem.*
Zum Thema von Leo Strauss aus dem Jahr 2003. Sie erfährt
ihre systematische wie historische Einordnung in dem drei-
gliedrigen Buch *Politische Philosophie und die Herausforde-*
rung der Offenbarungsreligion von 2013, das es unternimmt,
den Begriff der Politischen Philosophie zu entfalten und ihn in
der Auslegung zweier Meisterwerke der Politischen Philosophie zu bewähren.

Im Gewand einer historischen Studie ließ der *Dialog unter*
Abwesenden 1988 die Positionen der Politischen Theologie
und der Politischen Philosophie aufeinandertreffen. Als Sujet
diente der Dialog, den Leo Strauss und Carl Schmitt 1932/
1933 über die bzw. in der Schrift *Der Begriff des Politischen*
miteinander geführt hatten und der bis dahin als Dialog nicht
erkannt worden war. Während der Part von Strauss, sein Aufsatz *Anmerkungen zu Carl Schmitt, Der Begriff des Politi-*
schen von 1932, bekannt, in seiner prinzipiellen Bedeutung
jedoch nicht gewürdigt war, blieb der Part von Schmitt, seine
Antwort auf Strauss' Kritik in Gestalt signifikanter Änderungen und Ergänzungen, aufschlußreicher Zugeständnisse und

Bekräftigungen in der dritten Fassung des *Begriffs des Politischen* von 1933, bis 1988 unbeachtet. Mein *Dialog unter Abwesenden* verleiht dem historischen Dialog von Schmitt und Strauss Stimme, um in einer eingehenden Erörterung des *Begriffs des Politischen* den Unterschied zwischen Politischer Theologie und Politischer Philosophie zu bestimmen. Es geht in ihm nicht um den Nachweis von »Einflüssen«, die in der Entwicklung des *Begriffs des Politischen* wirksam waren, oder um das Aufspüren von »Quellen«, aus denen Schmitt schöpfte, um Einflüsse und Quellen, denen andere Quellen und Einflüsse von ähnlichem Interesse zur Seite gestellt werden könnten. Der Dialog handelt von einer Begegnung, die Schmitt Grund gab, sich des Zusammenhangs seines Denkens zu vergewissern, und ihn herausforderte, dessen Zentrum stärker zu exponieren, als er dies jemals getan hatte. Es geht um einen Streit über die letzten Voraussetzungen und die wahrhafte Bedeutung des Politischen.

Für die Erweiterte Neuausgabe schrieb ich 1998 den Epilog *Eine theologische oder eine philosophische Politik der Freundschaft?* Der zentrale Teil des Epilogs erprobt die Fruchtbarkeit der Unterscheidung von Politischer Theologie und Politischer Philosophie in der Auseinandersetzung mit Jacques Derridas *Politiques de l'amitié.* Der dritte Teil weist voraus auf die Untersuchungen, die die zweite Hälfte der Tetralogie bilden. Der erste Teil nimmt Stellung zur internationalen Debatte, die die erste Hälfte der Tetralogie und insbesondere die These ausgelöst hat, daß das Zentrum und der Zusammenhang von Schmitts Denken nur angemessen zu begreifen seien, wenn sie als Politische Theologie im substantiellen Sinne begriffen werden. Der Leser, der einen ersten Einblick gewinnen möchte, was die These der beiden Bücher von 1988 und 1994 beinhaltet und womit sie nicht zu verwechseln ist, sei an diesen Teil des Epilogs verwiesen. Er wird dort auch eine Antwort auf die Kritiken finden, die mir vor und nach 1998 bekannt geworden sind.

Das Erscheinen der dritten Auflage gibt mir Gelegenheit zu kurzen Nachträgen und ergänzenden Hinweisen. Der Wortlaut des Textes blieb unangetastet. Wie in der Neuausgabe von 1998 habe ich mich auch diesmal auf die Verbesserung einiger Druckfehler und Versehen beschränkt und auf jeden Zusatz verzichtet.[1] Deshalb teile ich an dieser Stelle mit, daß die Briefe von Leo Strauss, Jacob Klein und Karl Löwith, aus denen ich in der *Nachbemerkung* (S. 137–139) zitiere, seit 2001 in Band 3 der *Gesammelten Schriften* von Leo Strauss vollständig zugänglich sind.[2] Derselbe Band enthält einen Wiederabdruck von Strauss' *Anmerkungen zu Carl Schmitt, Der Begriff des Politischen* und die Erstveröffentlichung der Marginalien, die Strauss in sein Handexemplar eintrug, sowie der Notizen zu thematisch verwandten Gegenständen, die er auf eingelegten Zetteln im Sonderdruck des Aufsatzes aufbewahrte. Das Handexemplar, das mir 1988 noch nicht bekannt war, gibt Aufschluß über die Entstehungszeit der Kritik. Strauss hielt auf der ersten Seite des Textes für sich fest: »geschrieben April/Mai 1932«. 2001 setzte ich den interessierten Leser davon in Kenntnis und unterrichtete ihn im *Vorwort des Herausgebers*, in dem ich die verwickelte Geschichte von Strauss' Forschungen zu Thomas Hobbes in Deutschland, Frankreich und England während der 1930er Jahre rekonstruierte, außerdem über das unveröffentlichte Hobbes-Typoskript, das Schmitt als Grundlage des Gutachtens diente, welches er Anfang 1932 für Strauss schrieb.[3] Aus den 1988, 1994 und 2001 dokumentierten Zeugnissen und unter Berücksichtigung der inzwischen veröffentlichten Tagebücher Schmitts ergibt sich die folgende Chronologie. 17. November 1931: Schmitt erhält die ersten Exemplare des *Begriffs des Politischen* vom Verlag, die er in den darauffolgenden Tagen mit persönlichen Widmungen an Freunde und

---

1 Lediglich FN 19, S. 168–169, wurde aktualisiert und entsprechend ausgewiesen.
2 Leo Strauss: *Gesammelte Schriften*. Band 3. *Hobbes' politische Wissenschaft und zugehörige Schriften – Briefe*. Hg. von Heinrich und Wiebke Meier. Stuttgart–Weimar 2001. Zweite, durchgesehene Auflage 2008.
3 *Gesammelte Schriften* 3, p. VII–XXIV, insbes. VIII–XI, 217–238, 239–242, 777–778.

Bekannte verschickt. 27. November: Strauss besucht Schmitt, berichtet ihm von seinen Hobbes-Studien und bittet ihn um eine Empfehlung bei der Rockefeller Stiftung, da die Akademie für die Wissenschaft des Judentums, bei der Strauss von 1925 bis 1932 angestellt ist, ihre Mitarbeiter aufgrund wirtschaftlicher Schwierigkeiten entlassen muß. 21. Dezember: Strauss übergibt Schmitt sein Hobbes-Typoskript, der sogleich mit der Lektüre beginnt. 25. Januar 1932: Strauss spricht erneut mit Schmitt über Hobbes und über die Empfehlung bei der Rockefeller Stiftung. Danach schreibt Schmitt sein Gutachten, gestützt auf das Hobbes-Typoskript und das 1930 veröffentlichte Buch *Die Religionskritik Spinozas*, das ein Kapitel zu Hobbes enthält. 13. März: Strauss unterrichtet Schmitt in einem Brief von der positiven Entscheidung des deutschen Komitees der Rockefeller Stiftung und bedankt sich für die Unterstützung der Bewerbung. April und Mai: Strauss schreibt die *Anmerkungen*. 7. Juni: Gespräch zwischen Schmitt und Strauss, der Schmitt vermutlich an diesem Tag das Typoskript seiner Kritik übergibt. 10. Juni: Schmitt berichtet Ludwig Feuchtwanger, Mitarbeiter des Verlags Duncker und Humblot, von Strauss' Kritik und seiner Absicht, den Aufsatz an Emil Lederer zur Veröffentlichung im Archiv für Sozialwissenschaft und Sozialpolitik zu schicken. Mitte August: Die *Anmerkungen* erscheinen in ebender Zeitschrift, die 1927 die erste Fassung des *Begriffs des Politischen* veröffentlicht hatte. 19. August: Strauss verschickt Sonderdrucke des Aufsatzes u. a. an Gerhard Krüger, Jacob Klein und Hans-Georg Gadamer, danach an Karl Löwith. 4. September: Strauss schreibt einen zweiten Brief an Schmitt, in dem er zwei Überlegungen zu der publizierten Kritik nachträgt. 10. Juli 1933: Strauss schreibt seinen letzten Brief an Schmitt, jetzt aus Paris, wo er seit Oktober 1932 als Rockefeller Fellow seine Hobbes-Studien fortsetzt. Dem Brief, der ohne Antwort bleibt, ist vermutlich ein Sonderdruck des soeben in Recherches philosophiques erschienenen Aufsatzes *Quelques remarques sur la science politique de Hobbes* beigefügt, der sich mit einer Widmung von Strauss in

Schmitts Nachlaß befindet. Strauss hatte den Aufsatz, seinen ersten über Hobbes, in Paris auf deutsch geschrieben. Die Übertragung von *Einige Anmerkungen über die politische Wissenschaft des Hobbes* ins Französische stammt, wie sich dem 2001 erstmals veröffentlichen Typoskript entnehmen läßt, von Alexandre Kojevnikoff/Kojève.[4]

In jüngerer Zeit publizierte Korrespondenzen von Schmitt enthalten Äußerungen über Strauss, die ich nicht kannte, als ich die beiden Bücher von 1988 und 1994 schrieb. Sie erhärten die in der vorliegenden Schrift umrissene Sonderstellung, die Strauss für Schmitt zukam, und belegen das Interesse, das Schmitt an seinem philosophischen Gegenüber noch ein halbes Jahrhundert nach der ersten Begegnung nahm. Als ihm in seinem letzten Lebensjahrzehnt für ein Publikationsvorhaben, an dem er sich beteiligen soll, ein »schwer zugänglicher Aufsatz von Leo Strauss« angekündigt wird (gemeint ist Strauss' »Autobiographical Preface« von 1962/1965), antwortet Schmitt am 3. November 1977: »Die Aussicht etwas über Leo Strauss zu erfahren, könnte mich noch im Nachen Charons zu einem Rückblick bewegen.« Am 13. März 1978 schreibt er an Jacob Taubes, der seinen ersten Besuch in Plettenberg ankündigte: »Berühren Ihre Fragen aber ›arcana‹, die diesen Namen verdienen (wie z.B. meine über 40 Jahre lange, erst ausdrückliche, dann schweigende Auseinandersetzung über Thomas Hobbes mit Leo Strauss) dann tue ich gern das Mögliche und das Unmögliche, um ein Gespräch à vive voix und unter vier Augen zustande zu bringen.« In einem Brief an denselben Korrespondenzpartner gibt Schmitt am 29. Novem-

---

4 Siehe oben S. 16–17, 131–139. *Die Lehre Carl Schmitts*, p. 171 n. 128. *Gesammelte Schriften* 3, p. IX–XI, 243–261, 398, 779. Carl Schmitt: *Tagebücher 1930–1934*. Hg. von Wolfgang Schuller und Gerd Giesler. Berlin 2010, p. 145, 149, 159, 171, 195. (In meinem Besitz befindet sich ein Exemplar des *Begriffs des Politischen*, das Schmitt Otto Kirchheimer am 21. November 1931 widmete.) Reinhard Mehring gibt in seiner materialreichen Schmitt-Biographie eine irreführende Darstellung der Ereignisse, wenn er den Eindruck erweckt, Schmitt habe in Kenntnis der *Anmerkungen* das Gutachten für die Rockefeller Stiftung geschrieben. *Carl Schmitt. Aufstieg und Fall. Eine Biographie*. München 2009, p. 277–278.

ber 1977 zu Protokoll, daß sein »Hobbes-Kristall« von 1963 und sein Essay *Die vollendete Reformation* von 1965 »Leo Strauss zum Adressaten« hatten. Am 19. November 1979 läßt er Taubes schließlich wissen: »meine Leviathan-Bemühungen stehen seit *1932* unter dem Bestreben, mich *Leo Strauss* verständlich zu machen«. Schmitt weist auf das »arcanum« seines Dialogs mit Strauss hin, ohne es indes zu enthüllen und ohne in den herangezogenen Korrespondenzen ein Echo zu finden.[5]

Am 2. November 1976 schrieb mir Schmitt, daß er gerne wissen wollte, ob Strauss »meine Leviathan-Schrift von 1938 kennengelernt und vor allem, ob er den Challenge meines Hobbes-Aufsatzes *Die vollendete Reformation* (that Jesus is the Christ) vernommen hat. Das ist nicht nur aus persönlichen Gründen wichtig.« Falls Strauss den Aufsatz von 1965 zu Gesicht bekommen haben sollte, wäre ihm die Spur, die Schmitt darin für den aufmerksamen Leser zu Strauss legte, gewiß nicht entgangen. Zumal er mit dem Buch *The Hunting of Leviathan* von Samuel I. Mintz, dessen sich Schmitt in einer Fußnote bediente, um auf den Adressaten seiner Kritik zu verweisen, bestens vertraut war, da er es im gleichen Jahr besprochen hatte.[6] Aber Strauss bedurfte der Lektüre des Auf-

5 Carl Schmitt – Hans-Dietrich Sander: *Werkstatt-Discorsi. Briefwechsel 1967–1981*. Hg. von Erik Lehnert und Günter Maschke. Schnellroda 2008, p. 414; cf. 356 und 415. Jacob Taubes – Carl Schmitt: *Briefwechsel und Materialien*. Hg. von Herbert Kopp-Oberstebrink, Thorsten Palzhoff, Martin Treml. München 2012, p. 37, 53, 102; cf. 40 und 42. Die Herausgeber übergehen den Dialog, den Schmitt 1933 mit Strauss führte, mit Schweigen (cf. p. 55). (Die Widmung an Taubes, die Schmitt am 26. Januar 1971 in ein Exemplar von *Politische Theologie II* eintrug und die ich in der dritten Auflage von *Die Lehre Carl Schmitts*, p. 298 n. 50, mitgeteilt habe, hätte die Herausgeber interessieren können, da der erste Brief von Schmitt an Taubes in ihrer Edition vom 29. November 1977 datiert ist.)
6 Die Besprechung erschien in Modern Philology, 62:3 (Februar 1965), p. 253–255, einen Monat vor *Die vollendete Reformation*. Vor einem Vierteljahrhundert machte ich darauf aufmerksam, daß der Hinweis auf Strauss im Wiederabdruck von *Die vollendete Reformation* als Anhang der Neuausgabe des *Leviathan*-Buches verstummte, weil die entscheidende Seitenzahl – zu Schmitts großem Verdruß – der Achtlosigkeit des Herausgebers zum Opfer fiel (Köln 1982, p. 153). Der verderbte Text ist in der 4. Auflage des *Leviathan* (Stuttgart 2012, p. 153) noch nicht berichtet. Siehe oben S. 70–71, FN 64.

satzes von 1965 nicht, um den »Challenge« zu vernehmen, auf den es Schmitt ankam. Denn die »Achse Veritas: Jesus Christus« war die eigentliche Pointe des »Hobbes-Kristalls« im Anhang der Neuausgabe des *Begriffs des Politischen* von 1963, die Strauss ebenso wie die *Theorie des Partisanen* aus demselben Jahr erwarb und las.[7] Außerdem hatte Schmitt den Satz *Jesus is the Christ*, den er im *Glossarium* später zum »wichtigsten Satz des Thomas Hobbes« erhob, bereits im Buch über den *Leviathan* von 1938 als Satz der Unterscheidung eingeführt, um die Position seiner Politischen Theologie zu kennzeichnen.[8] Es gab für Strauss keinen Grund, auf Schmitts Herausforderung in den 1960er Jahren zu antworten, da er 1954 in seiner letzten und bedeutendsten Untersuchung zu Hobbes, die an die Stelle des unvollendeten Buches der 1930er Jahre *Die Religionskritik des Hobbes* trat, das Verhältnis des Philosophen von Malmesbury zum Christentum prägnant verhandelt hatte.[9]

7 Beide Schriften befanden sich in Strauss' Bibliothek. Möglicherweise las er sie bei der Vorbereitung des Vorworts vom Oktober 1964 zur deutschen Erstveröffentlichung seines Buches *Hobbes' politische Wissenschaft*, in das er die *Anmerkungen* von 1932 als Anhang aufnahm. Bei dem Vorwort handelte es sich um den ersten Text, den Strauss seit fast drei Jahrzehnten in deutscher Sprache für die Öffentlichkeit schrieb. Er verfaßte es in der Erwartung seiner für 1965 geplanten Rückkehr nach Deutschland als Gastprofessor an der Universität Hamburg. (Siehe *Gesammelte Schriften 3*, p. XXIV–XXVI.) Strauss verweist darin auf »Schmitts Urteil über die Größe und Bedeutung von Hobbes, das meinem damaligen Gefühl oder Geschmack entsprach« aus der Erstveröffentlichung des *Begriffs des Politischen* von 1927. (Cf. oben S. 42–43 und 109.) Strauss las die Neuausgabe des *Begriffs des Politischen* und die *Theorie des Partisanen* aber spätestens 1965, nachdem Hasso Hofmann ihm sein Werk *Legitimität gegen Legalität. Der Weg der politischen Philosophie Carl Schmitts* (Neuwied 1964) zugeschickt hatte. Das belegt der Briefwechsel mit Hofmann, der sich aus Strauss' Lektüre des Buches entwickelte. (Hasso Hofmann hat mir die Korrespondenz – drei Briefe von Strauss vom 27. 1. 1965, 27. 4. 1965 und 10. 7. 1965 sowie die Durchschläge seiner Antwortbriefe vom 8. 3. 1965 und 2. 7. 1965 – zum Geschenk gemacht.)
8 Siehe *Die Lehre Carl Schmitts*, p. 180–186.
9 *On the Basis of Hobbes's Political Philosophy*, zuerst 1954 in französischer Übersetzung, dann im englischen Original mit einer wichtigen Ergänzung publiziert in: *What Is Political Philosophy?* Glencoe, Ill. 1959, p. 170–196. – Siehe ferner Strauss' Aussagen zu Schmitt und zur Politischen Theologie

Jacques Derrida zog den *Dialog unter Abwesenden* 1988/ 1989 für das Seminar heran, aus dem sein Traktat *Politiques de l'amitié* vom Oktober 1994 hervorging. Im September 1996 besuchte er mich, um mit mir über Schmitts Politische Theologie zu sprechen. Die Frage der Philosophie, die ich mit ihm erörtern wollte, schob er auf. Deshalb exponierte ich die Frage in meinem Epilog von 1998. Derrida antwortete mir im Mai 1998, daß es sich bei dem entscheidenden Fall, der auf Seite 177 in Rede steht, nicht um seine »thèse«, sondern eine »hypothèse« handelte. Meine Frage zielte freilich auf das Selbstverständnis des Theoretikers, das nur um den Preis der Unklarheit in Rücksicht auf das Wichtigste bei einer Hypothese Halt machen kann. Der Tod hat den Dialog abgebrochen.

Zu Carl Schmitt habe ich mich seit 1998 im Nachwort der zweiten Auflage und im Essay *Der Streit um die Politische Theologie. Ein Rückblick* geäußert, den ich für die dritte Auflage von *Die Lehre Carl Schmitts* schrieb. Was Leo Strauss betrifft, verweise ich auf *Das theologisch-politische Problem* und insbesondere auf die Untersuchung *Die Erneuerung der Philosophie und die Herausforderung der Offenbarungsreligion. Zur Intention von Leo Strauss' »Thoughts on Machiavelli«.*[10]

München, Januar 2013   H. M.

in dem 1940 gehaltenen Vortrag *The Living Issues of German Postwar Philosophy* im Anhang meines Buches *Leo Strauss and the Theologico-Political Problem.* Cambridge 2006, 7. Aufl. 2008, p. 127–129.
10 Teil II von *Politische Philosophie und die Herausforderung der Offenbarungsreligion.* München 2013. Beachte darin Anm. 77 zu Strauss' Essay *On the Basis of Hobbes's Political Philosophy* und zur Bedeutung der Natürlichen Theologie.

Namenverzeichnis

Printed in the United States
By Bookmasters